他人に支配されず、自由に生きる技術

あなたが生きづらいのは「自己嫌悪」のせいである。

安冨歩

大和出版

はじめに

この本では、自己嫌悪について考えます。

自己嫌悪というのはつまり、「あんなこと、なんでやってしまったんだ」「どうして私はこんなに醜いんだ」「やっぱり私はダメな人間だ」……などという思いに押しつぶされそうになり、自分が大嫌いになる、あの感情です。

自己嫌悪なんかについて考えて、それでどうにかなるのか、と思われるかもしれません。

かくいう私自身、自己嫌悪に半世紀以上にわたって苦しめられてきました。

私はとりわけ自己嫌悪が強かったように思います。子どもの頃から、ほんのささいな出来事を、何度も何度も、何年にもわたって思い出して、叫び出しそうになるのをこらえたりする激烈な症状がよくありました。それ以上につらいのが、自分の顔が嫌いで、とくに三白眼のつりあがった目と、への字の口が嫌いだったことで、それは絶え間なく私を苦しめていました。ほかにも自分を嫌いになる原因は無数にあって、のべつ幕なしに、自己嫌悪が私を襲っていたのです。

私は十数年前から、この問題に正面切って取り組みました。とはいえ、考えるしか能がない人間なので、自己嫌悪について徹底的に考えてみたのです。

そしたら、あら不思議。

自己嫌悪が消えました。

完全に消えはしなくとも、とても楽になったのです。

もちろんそれには長い年月がかかり、単に考えを変えただけでは収まらず、最終的に男性の姿を捨てて、女性の姿をするようになることにまで発展しました。しかし、思考は決定的に重要でした。

この過程で考えたことを、できるだけ簡単に、ここでご説明したいと思います。それがみなさんの平安な生活のためにお役に立てば、何よりです。

安冨歩

二〇一六年七月

もくじ

あなたが生きづらいのは「自己嫌悪」のせいである。

はじめに

プロローグ
自己嫌悪は、「自分が劣っているから」感じるわけではない

Q なぜ自己嫌悪を感じてしまうのか？ 12

Q たとえば、空気が読めない自分が嫌なのですが 14

第1章
「自己嫌悪」は何を引き起こすのか？

Q 憧れの人の前に出ると、不安な気持ちになってしまう 20
Q なぜ「憧れること」が問題なのか？ 26
Q なぜ「憧れにもとづく恋愛」はうまくいかないのか？ 28
Q 「思い込みラブ」が続いていくとどうなる？ 35
Q 本物の恋愛とは？ 41
Q ランクが上の恋人を見つけた人が勝ち？ 45
Q 腐れ縁に陥らないためには？ 49
Q なぜ「自愛にもとづく恋愛」が難しいのか？ 51
Q テンションをあげると、幸福になれる？ 55
Q おしゃれをするのはいけないこと？ 59

第2章 なぜ「自己嫌悪」があると、「仕事」がうまくいかないのか？

Q 自己嫌悪にさいなまれていると、何をやってもうまくいかない？ 62
Q ならば、自愛の人は成功しないの？ 66
Q 「引きこもり」は自己嫌悪の悪い例？ 70
Q 「立場主義」とは何か？ 73
Q 「立場主義」はなぜ、「楽」で「苦しい」のか？ 76
Q なぜ日本で「立場主義」が台頭したのか？ 81
Q 人は本当に長時間働かなければいけないのか？ 87
Q 組織の中で、自愛を取り戻すには？ 91
Q 「仕事をしているフリ」の人の攻撃を受けないようにするには？ 94
Q 意味のない仕事をふられたら？ 98
Q 仕事を干されてしまったら？ 104

第3章 「自己嫌悪」の正体とは何か？

Q どうしたら自己嫌悪から脱出できる？ 110
Q 身体の感覚を取り戻すには？ 112
Q 「自愛」へと近づくには？ 115
Q 自分の地平を生きるためにはどうしたらいい？ 119
Q 自分の地平で生きられると、何が変わるのか？ 123
Q 「自己嫌悪」の源流とは？ 126
Q 感情を否定された子どもはどうなるのか？ 129
Q なぜ親は「愛情のあるフリ」をするようになったのか？ 131
Q なぜ親は子どもをコントロールしようとするのか？ 134
Q 自愛の子育てとはどういうもの？ 138
Q 「束縛親」にどう接するか？ 141

第4章
「自愛」に向かうために、できること

Q 自己嫌悪だらけの世界で何ができるのか？ 146
Q 魔法って何？ 151
Q 魔法を起こすにはどうしたらいいの？ 154
Q 魔法は周りをどう変える？ 157
Q 魔法を起こすコツって？ 161
Q 流れに身をまかせるにはどうしたらいいのか？ 165
Q 自分の手で舵をとる生き方とは？ 169
Q やりたいことを優先させたら、食べていけない？ 171
Q お金がないと他人に依存してしまうのでは？ 175
Q 正しい依存とは？ 179
Q 信頼できる相手を見つけるには？ 182
Q 自愛へと流れていく方法とは？ 185

おわりに

本文デザイン・ＤＴＰ　斉藤よしのぶ＋大庭知華

プロローグ

自己嫌悪は、「自分が劣っているから」感じるわけではない

Q なぜ自己嫌悪を感じてしまうのか？

自己嫌悪というのは、どういうときに生じるものでしょうか。

禁煙しているのに、タバコをすってしまって、自己嫌悪。

好きな人とうまく話せなくて、自己嫌悪。

周りの期待に応えられなくて、自己嫌悪。

自己嫌悪というと、「自分が何かをした結果感じてしまうもの」と私はかつて思っていました。しかし色々考えてみて、そうではない、という結論に至ったのです。これが「最重要の発見」でした。

自己嫌悪、というのは「何かの結果」ではありません。何もしていないのに、自己嫌悪が先にある、というのが問題の本質だったのです。

自己嫌悪は結果でなくて、原因。しかも「諸悪の根源」です。

A もともと自己嫌悪があるから、自己嫌悪を感じてしまう

先ほどの例でいうと、もともと自己嫌悪があって、それが「禁煙中にタバコをすってしまう」という事態をきっかけとして吹き出して、自己嫌悪を感じる、のです。

もともと自己嫌悪があって、それが「好きな人とうまく話せない」というシーンを材料に吹き出して、自己嫌悪を感じてしまう。もともと自己嫌悪があって、それが「期待に無理に応えようとして、応えられない」ことを理由として、溢れかえってしまう……ということになるでしょう。

そんなことを言われても、にわかには信じられないかもしれませんが、どうかここで本を投げ出さないでください！

自由に気持ちよく生きるために、どうすれば自己嫌悪から脱することができるか、共に考えていきましょう。

Q たとえば、空気が読めない自分が嫌なのですが

いつの頃からか、「あいつ空気が読めないよね」「空気読んで、そのことは言わなかったよ」など、「空気を読む」という言葉が一般化してきました。

集団の空気を読むことが肯定的に語られるようになったのは、怖いことだと思います。

空気を読む理由はいろいろあるでしょう。

周りから嫌われるから、仲間はずれにされるのが怖い、ダサい奴だと思われたくない、人とモメたくない……。空気を読んでしまうのもまた「もともと自己嫌悪がある」からです。

もともと、自己嫌悪による「穴」ともいうべきものが心に空いていて、そこを埋めるために「空気を読む」という行為に出てしまうのです。

A 空気を読むことは、自己嫌悪の悪循環の一部

自己嫌悪の強い人は日々不安を感じています。

そのままの自分に対して「何か欠けている存在」だと感じ、それをカバーするために何か人の役に立たないといけないと思います。だから空気を読むのです。

「空気を読んで、人とうまくやれたら、自己嫌悪を感じなくなる」そう思うのです。しかし、そもそも人は完璧に周りの空気を読むことなどできません。

ある集団があったとして、ひとりひとり、意見も気持ちも違います。

それなのに、その集団のムードともいうべきものを、「空気」という言葉で「ひとつのもの」ととらえるのは、どだい無理な話。そもそも「空気」なんて実在しません。幻想にすぎないのです。

それに、自己嫌悪の強い人は、つねに「自己嫌悪を感じるような自分のふるまい」に注目しています。自分のふるまいをスキャンして、「自分がダメな部分」を拾おう拾おうとしているのです。この場合、「空気が読めない瞬間の自分」

にばかり目を向けてしまう、ということになります。

そもそも空気は実在しないので、読むのは無理。
その上、空気の読めない自分ばかり目についてしまう。

その結果、空気を読もうとすればするほど、自己嫌悪を強く感じてしまう。「自己嫌悪の穴」があるから、空気を読もうとしてしまい、空気の読めない自分ばかり目について、「自己嫌悪の穴」を広げてしまう。もちろんこれは、「空気を読む」ことに限定されるものではありません。

自己嫌悪があるから、ろくでもない行動をしてしまい、自分のろくでもない行動ばかり拾って、自己嫌悪を増幅させていく。

これって、悪循環ですよね。

実は今の日本社会に生きる多くの人が、「自己嫌悪の罠」とも言うべき悪循環にはまっていると、私は考えています。

サン＝テグジュペリの『星の王子さま』の星めぐりの場面で、ある小惑星に住む酔っぱらいとのこんな対話があります。

「どうしてお酒をのむの？」と王子は尋ねた。

「忘れたいからさ」と酔っぱらいは応えた。

「何を忘れたいの？」と、王子は気のどくに思って重ねて聞いた。

「恥ずかしいのを忘れたいのさ」と酔っぱらいはうつむいて吐露した。

「何が恥ずかしいの？」と、王子は助けになりたいと思い、尋ねてみた。

「酒をのむのが恥ずかしいんだよ！」酔っぱらいはそう言うと、とうとう黙り込んでしまった。

酔っぱらいは、実は自己嫌悪に苦しんでいるのです。それを紛らわせるために酒をのみ続けているのですが、彼の中では「酒をのむ↓恥ずかしい↓酒をのむ」という悪循環になっています。

この状態を「酒にのまれる」といいます。このように悪循環の罠にかかり、自己嫌悪にのまれている状態が、自己嫌悪の正体です。

次の章からは、このような自己嫌悪の罠にかかっていることが、どんな現実をつくり出していくのか、お話ししていきます。

第1章

「自己嫌悪」は何を引き起こすのか？

Q 憧れの人の前に出ると、不安な気持ちになってしまう

まずは、自己嫌悪が恋愛に及ぼす影響についてお話しします。なぜ恋愛なのかというと、それが一対一の人間関係で、しかも濃度の高いものだからです。

この問いに関して言うと、そもそも「憧れの人」というとらえ方自体が、不幸の始まりです。なぜならこれは、「自己嫌悪」から来ているからです。自己嫌悪がなかったら「憧れ」は生じません。

「素敵な人に『憧れ』を抱くことは当然じゃないか」

「『憧れの人』に近づくために、自分を磨くことができるのでは？」

そう不思議に思う人もいるでしょう。

もちろん、人を好きになるのは、すばらしいことです。でも、「好き」と「憧れ」とは違います。

たとえば、「好きな人」と一緒にいるとき、心は安心感で満たされます。好きな人と共にいられる、しみじみとした喜びを感じるでしょう。

一方「憧れの人」と一緒にいるときは、心は興奮するか、緊張するか、不安になるか、とにかく安定しません。別れたあとも、何かざわざわとした波立った気持ちになります。

そもそも、「憧れ」という言葉は、自分自身を見失うことを意味しています。

「憧れ」という言葉は、「あくがる」という動詞が語源です。『学研全訳古語辞典』によれば、次のような意味です。

あくが・る【憧る】
①心が体から離れてさまよう。うわの空になる。
②どこともなく出歩く。さまよう。
③心が離れる。疎遠になる。

もともと、こういう言葉なのです。そういえば、和泉式部の最高傑作の短歌（後拾遺１１６２）に次のようなものがあります。

> 物おもへば沢の蛍も我が身より
> あくがれいづる魂かとぞみる

これは、「あなたのことを恋しくて思い悩んでいると、沢を飛ぶホタルが、体から離れてさまよっている私の魂に見えてしまいます」という意味です。なんという強烈なラブソングでしょうか。頭がクラクラしますね。

このように「あくがる」という動詞は、あまりよい意味の言葉ではありません。この辞書には、「現代語『あこがれる』のもとになった語だが、現代語と同じ意味には用いない」という注釈がついていますが、私は違うと思います。

現代でも「憧れ」は、「魂が自分自身から離れて何かに引き寄せられてしまう状態」を意味しているのです。私たちがそれを「よいこと」だと思い込んでしまっているにすぎません。

近代という時代は、人間が何かに憧れて、それを手に入れるために身も心も投げ出すようなことを、よし、とする時代なのです。

私はこれを大変、危険なことだと考えています。

そしてさらに、私たちが誰かに憧れる場合、相手の本当の姿を見ているわけではないのです。

わかりやすい例は芸能人です。芸能人に憧れる場合、その人の真の姿を知ってそうなることはありません。彼らは、人々が見たいと思っている「像」を自らの上につくり出すことで人々の興味を惹きつけ、そうすることでお金をもらっているのです。人々の望む姿を瞬時に感じ取り、それを自らの上に表現する、というのは大変な能力ですが、どんなに憧れても彼らの本当の人格と出会うことはできません。

「あの人はこういう考え方をするはずだ」「あの人はこういうところがあるはずだ」などと、相手に勝手な「相手像」を押しつけてしまう。

これを心理学用語では「投影（プロジェクション）」などと言います。ではなぜ「勝手な像」を相手に押しつける、ということが起こるのでしょうか。

それは、「自分に欠けている部分を相手に求める」という代償行為です。

「自己嫌悪」に苦しむ人は、「自分の欠けている部分」が無意識のうちに気になってしまい、その「自分の欠けている部分」を「相手に憧れる」ことでカバーしようとするのです。できれば、それを手に入れたい、と思っているわけです。

A 「憧れ」は「自分の欠けている部分」を埋めようとする行為である

太っている自分を嫌悪している人は「憧れの相手」に「スタイルのいいすばらしい人」という像を押しつけてしまうかもしれません。

ブサイクな自分を嫌悪している人は「憧れの人」に「美しくてすばらしい人」という像を押しつけてしまうかもしれません。

頭の悪い自分を嫌悪している人は「憧れの人」に「頭がよくてすばらしい人」という像を押しつけてしまうかもしれません。

お金のない自分を嫌悪している人は「リッチですばらしい人」という像を、才能のない自分を嫌悪している人は「才能に溢れるすばらしい人」という像を、それぞれ押しつけてしまうかもしれません。

そして、心の底でこう思うのです。

自分に欠けているものをもっているこの「憧れの人」と仲良くできたら、好きになってもらえたら、認めてもらえたら、この「自分を嫌悪する感情」から逃れることができるのではないだろうか。

そして、「憧れ」の人に好きになってもらおうと、せっせと偽りの自分を演じるようになるのです。

なぜなら、自分が嫌っているような自分が人に好かれるはずがない、と思うので、「相手が気に入りそうな像」を自分の上につくり出そうとするわけです。

それって、なんだか疲れませんか？

Q なぜ「憧れること」が問題なのか？

「別に自分に欠けているものを相手に求めてもいいじゃないか。『憧れ』の何が問題なのか、やっぱりわからない」

という人もいるでしょう。おさえておきたいのは、最初にお話ししたように、「自己嫌悪は結果ではなくて原因」ということです。

太っているから自己嫌悪を感じるわけではありません。

ブサイクだから自己嫌悪を感じるわけでもありません。

頭が悪いから、お金がないから、才能がないから自己嫌悪を感じるわけではありません。

もともと「自己嫌悪の穴」が心にぽっかりと空いているから自己嫌悪を感じるのです。「自己肯定感が欠けている」と言ってもいいでしょう。

自己嫌悪を感じる→その理由を探す→太っている（ブサイク、頭が悪い、お金がない、才能がない）からだ、と自分で納得する。

こんなふうに、あとから理由を拾っているだけなのです。

この「自己嫌悪の穴」は、他人に承認されることでは埋まりません。自分自身と向き合う以外に対処する方法はないのです。

ですから、いくら「憧れ」の人に承認されても、自己嫌悪は消えません。つまり、憧れの人に気に入られる努力は、必然的に徒労に終わるのです。

A 「憧れ」の相手はあなたを救ってくれない

自己嫌悪の罠に落ちていたのでは、平安な気持ちにはならず、心は波立ったままです。ずいぶんキツイことを言われていると感じておられるかもしれません。でも、この認識がないと、本当の「自由」は手に入れられません。

Q なぜ、憧れにもとづく恋愛はうまくいかないのか？

実際の恋愛関係で考えてみるともっとわかりやすいでしょう。

たとえば、「自己嫌悪の穴」が空いている人と、自分をちゃんと受け入れ愛せている人がいたとします。後者のような人は、自分自身を愛しているので、「自愛」していると言います。

ここで、「自愛」と「自己愛」とが違うことを確認しておきたいと思います。『三省堂　大辞林』を見ると、

自愛＝自分自身を大切にすること

となっています。「自分自身を大切にすること」とは、なんと美しい言葉でしょう。一方、「自己愛」は、

自己愛＝ナルシシズム

となっていて、ナルシシズムをひくと、

①自分の容姿に陶酔し、自分自身を性愛の対象としようとする傾向。自己愛。ギリシャ神話のナルキッソスにちなむ精神分析用語。
②うぬぼれ。自己陶酔。

と嫌なことが書いてあります。「自愛」と「自己愛」との違いがこれでおわかりいただけたでしょうか。

さて「自己愛」は、もはや言うまでもないかもしれませんが、「自己嫌悪」の裏返しです。自愛できず、自己嫌悪に苦しむ人が、自分のよい所を懸命に探して、急に自信満々になると「自己愛」になるわけです。もちろん、それは、つねに誰かの承認を必要とし続け、少しでもそれが満たされないと、ガラガラと崩れてしまう、実に不安定な自信です。

一方、自愛の人は、ありのままの自分を愛しています。そして、我と我が身とを大切にする、ということは、自分につながる人々をも大切にすることに結びつきます。なぜなら、人間という社会的動物は、自分自身を支えるために、どうしても信頼できる他人が必要だからです。

こういった自愛の人は、ありのままの自分で、ありのままの相手を愛することができます。そこには「自己嫌悪の穴を相手に埋めてもらおう」という意図がないので、「勝手な像」を相手に投影することなどありえません。それゆえ、誰かに「憧れる」こともないのです。

ありのままの自分で、ありのままの相手を受け入れているのであれば、心は平穏に保たれます。

ただ一緒にいる時間を楽しみ、たとえうまくいかなくなっても、「お互いありのままの自分でうまくいかなくなった」という現実を受け入れることができるでしょう。その場合には、お互いが変化するか、それができなければ別の道を行けばよいだけのことです。

一方、自己嫌悪にもとづく関係では、相手に「勝手な像」を押しつけているので、相手の反応が「勝手な像」と一致するかどうかで、一喜一憂してしまいます。

この種の押しつけがうまくいかなかった場合、道は2つに別れます。

ひとつは「どうせ私は嫌われるんだよ。知ってたよ」となって、これを餌に自己嫌悪が拡大するケース。もうひとつは「うまくいかない現実」を信じず、「うまくいくはずだ」という思い込みのほうを信じるケース。後者がストレートに自己増殖するとストーカーに発展します。

もう少し巧妙であれば、「ありのままの自分」を相手に見せず、「偽りの自分」で相手に好かれようとします。この方向に進むと、待っているのはモラル・ハラスメントやDVといった、破壊的な「恋愛」関係です。このような人は好きなはずの人と一緒にいても、心が波立ち、また「偽りの自分」でいることから生じるストレスで、自己嫌悪はどんどん増幅してしまうでしょう。

このように自己嫌悪から発する「恋愛」は、恋愛ではないのです。それは、自分の欠落を埋めるために相手を所有すべく執着するものであり、支配＝被支配関係にしか帰結しません。

もしも相手が自愛の人だとしたら、こうした自己嫌悪の人に違和感を覚えるので、惹かれることはありえず、「恋」はここで終わりです。

では、お互いに自己嫌悪に苦しむ人同士である場合はどうでしょうか。

最初のところで双方が「どうせ自分はダメだからモード」を発動すると恋愛に発展しません。私がそうでしたが、自己嫌悪の人は、相手に思いを伝えて拒絶された場合に猛烈に傷つく（本当は、自分がもともともっていた傷がうずくだけですが）のが怖いので、なかなか踏み出せず、往々にして「どうせ自分はダメだからモード」を発動するのです。

しかし、双方が同じタイプの傷を共有していると話は違ってきます。この場合、お互いに「ビビッ」と電流の走るような感覚があって、猛烈に惹かれ合ったりします。


なぜそうなるのかというと、同じタイプの傷を負っている者同士であれば、その傷が不問にふされるから、とても楽なのです。

たとえば、私はどういうわけかよく遅刻してしまうのですが、遅刻常習者同士だと、どちらかが遅刻しても問題にならないので気が楽です。ところが、遅刻の好きな人と遅刻の大嫌いな人がつき合うと、いがみ合いになって大変です。

それゆえ、遅刻する者同士でくっついて、「遅刻しない奴って、馬鹿だよね」というようなことを言い合って盛りあがるほうに誘導されるわけです。

これは恋愛だけではなく、すべての集団形成について言えることです。同じタイプの傷を負う者がつるんで、傷を舐め合い、傷を正当化し合う、というのが人間という猿の習性なのだと私は考えています。

しかしこのような同じ傷を舐め合う関係には大きな問題があります。それは、その傷のことを自分自身で本当は嫌っているからです。ですから、相手の傷も本当は嫌いなのです。

それゆえ、このような恋愛は、

もともとお互いのことが嫌い

ということになります。傷があるゆえに惹かれ合うけれども、傷があるゆえに憎み合う、という悲劇的な関係に発展します。

A 自己嫌悪から発する恋愛は、お互いがお互いのことを嫌っている

お互い「勝手な像」を好きになっているだけで、「ありのままの相手」を好きなわけじゃない。

こういう感情を「思い込みラブ」とでも呼びましょう。

専門用語では「プロジェクティブ・ラブ」（投影型の恋愛）と呼ぶのですが、もともと好きなじゃないのですから、うまくいきっこありません。

しかも、両者の傷が、まさに両者の「絆」なので、これが改善し、治癒することは、決してありません。それゆえ、双方の負った傷はそのままで、憎しみ合いもそのままです。

Q 「思い込みラブ」が続いていくとどうなる？

自己嫌悪の人同士の「思い込みラブ」がすぐにうまくいかなくなって、終わりを迎えるわけではありません。いや、すぐに終わるのはよいほうなのです。

それどころか、「偽りの自分」のまま「偽りの像」を押しつけ合い、傷つけ合いながら延々と続いていくパターンも多いのです。理由は様々でしょう。

・長年つき合い、時間的に投資したので、別れるのはもったいない
・相手の条件（お金、ルックス、社会的ポジション）などが捨てがたい
・経済的に相手に依存しているので別れられない
・子どもがいるので別れられない
・恋愛なんて、どうせこんなもんだ、と思っている

とにかく様々な理由から、お互いが苦しいにもかかわらず、続いていく。

いや、抜け出せない。

「自愛に発する恋愛」であれば、もしうまくいかなくなって、苦しくなったら、その時点で、自分が楽になるような道へと踏み出します。しかし、「自己嫌悪に発する恋愛」では、そもそも、ありのままの相手とつき合っているのではなく、勝手につくった「像」とつき合っているわけですから、現実を見ることができません。

よくあるのはこういうパターンです。

まずは、ビビッときて熱烈につき合う。やがて醒めてくる。しかし、「あんなに好きだったんだから、こんなはずはない」と思い込む。

そして、「結婚したら、またうまくいくかもしれないから、結婚しちゃおう」となり、負のループは制度化されて続きます。

結婚しても改善などするはずがありませんから、がっかりするものの、「子どもでもつくったら、またなんとかなるかも」ということになり、子どもをつくってしまいます。

しかし、そんなことでは改善しないので、またがっかりするのですが、「だったら、子どもに期待しよう。お受験させてみよう」ということになり、さらには、

「家でも買ったら落ち着くのでは」ということでローンを背負い込み、嫌な会社もやめられなくなり、別れるに別れられず……。

A 負のループから抜け出せなくなる

こうして幾星霜、長年のもがきの果てに、いかなる思い込みも機能しなくなります。すると、相手が嫌な奴で本当は嫌いだ、ということが動かしがたい事実としてのしかかってくるのです。

こうなると、「自己嫌悪の穴」を埋めるための執着の対象が、子どもに移ります。子どもは親の期待に一心に応えようとするので、パートナーほど落胆させないものです。

そして、子どもが巣立っていったとき、目の前にいるのは、いわゆる「濡れ落ち葉」の夫や老いさらばえた妻。ここで別れを選択するのが、熟年離婚をする人たちでしょう。そして、それはまだよいほうなのです。

ここで挫けなければ、今度は、「老後はいい夫婦で迎えなきゃ」などと、「勝手な像」を自分たちに押しつけ、世界一周船旅旅行に行ったり、別荘買ったり、子どもに早く結婚して孫を産めと圧力をかけて、孫の世話で暇つぶししたり……。死ぬまで空回りを続けるわけです。まさに腐れ縁です。おそろしいことですが、これは、実に、普通にある夫婦像です。

若い方はもう知らないかもしれませんが、むかしむかし、私が子どもの頃、イギリスにザ・ビートルズというすごいバンドがありました。その作品に、「When I'm Sixty Four 私が64歳になったら」という歌があります。若い彼が彼女に自分たちの将来を描いてプロポーズするラブレターがテーマの歌ですが、それが実に珍妙な内容なのです。

> 今から何年も先、
> 私がもっと歳をとって、髪が薄くなったとき、
> 君はまだ私にバレンタインカードや
> 誕生日プレゼントのワインを贈ったりしてくれる？

というショボい感じでプロポーズが始まり、遠い将来の退屈そうな日常が描

かれます。そしてリフレインは、

君はまだ私を必要として、私に食事を出してくれる？
私が64歳になったときも。

という悲しいフレーズです。「食事を出す」は〝feed〟という動詞が使われていますが、これは猫に餌を与える、というようなときに使う言葉です。

挙句の果てに、このプロポーズにはどういうわけか、商品のご利用者登録カードのような回答欄のついた返信用の葉書がついているらしく、

私に返事のお葉書を、一筆お願いします。
あなたのご意見をお聞かせください。
正確にお考えのことをご指摘ください。
お答えをこの欄にお書きください。　草々

となって終わります。

このひどい歌詞にかわいらしく楽しい音楽がつけられている、実にイギリス的な名曲です。

ちなみにかつて、東京大学の入試課に電話すると、転送の際にこの音楽が流れてきて、大笑いしてしまいました。東大なんかに合格すると、こういうことになるんだよ、という受験生向けの警告だったのでしょうか。

ここにはありのままの自分で愛し合う、喜びや安心感はありません。相手の本当の気持ちを思いやる、いたわりや情愛もありません。

こうした状況に陥らないためにはどうしたらいいのでしょうか？

Q 本物の恋愛とは？

こんな腐れ縁みたいなもので人生を棒にふるのは、実にバカバカしいことですから、決してやってはいけません。たとえあなたの両親や祖父母が現にやっているとしても、やってはダメです。

そうならないためには、いったい、どうしたらいいのでしょうか。

本物の恋愛は、豊かな人間関係の中から始まります。

一緒にいて楽しい。居心地がいい。ほっとする。

こういう具合に心が「平安」に向かう関係のみが、長く安定しうるのです。

それが恋愛というものです。

ビビッ、ドキドキ、ワクワク、ハラハラ……などが、長続きするはずがそもそもありません。

心が穏やかになる関係の中で、お互いの好意を感じ合って、そこから恋愛が始まるわけですが、たとえば、人間関係が築かれる前に「あの人はきっとこういう人だ」という勝手なイメージで片思いをするのは、「思い込みラブ」そのものでしょう。

「片思い」を長々と続けている人は、相手の感情を見ようとしません。実のところ、相手を見ている「フリ」をしているだけです。

なぜ、相手の感情を見ようとしないのでしょうか。

自己嫌悪の人は、当たり前のことですが、自分が嫌いです。

そして、無意識で「他人も自分のことを嫌うに違いない」と思い込んでいます。当たり前ですね。自分が嫌いなものを他人が好きになるなんて、信じられるはずがありません。

ですから、相手の感情に目を向けることができません。「嫌われている」ことを確認するのが怖いからです。なので、告白なんかできっこないわけです。嫌われるに決まっているので。これが「片思い」が続いてしまうカラクリです。

そして、傷つかないためには、相手の様子をうかがって、「こいつはいけるな」と踏んだら行くか、できれば相手をうまく誘導してその気にさせて、こっちを好きにさせて捕まえる、ということになります。これでは獲物を狙う狩りのようで実に不気味ですが、恋愛を狩猟だと思っている人は多いのです。

じゃあ、本物の恋愛をするにはどうすればいいか。簡単です。

自分の気持ちを伝えること。そして、相手の気持ちを聞くこと。

それだけです。それだけで「思い込み腐れ縁ラブ」から抜け出すことができます。

A 自分の気持ちを正確に伝えられる恋愛

「いやいや、女性から告白したら、恋愛はうまくいかないって、恋愛攻略本に書いてありましたよ」

そんな反論をされる人もいるかもしれません。

恋愛攻略本は「恋愛の本」じゃありません。「思い込みラブ」のための「狩猟ノウハウ本」です。どうしたら、自分が傷つかないで、執着した相手を手に入れられるか、が書かれているだけです。

本物の恋愛をするには、自分の気持ちを伝えるしかありません。

それは怖いことでしょう。

相手の反応はコントロールすることができないからです。

「好きです」と伝えても、「ごめんなさい」と返ってくることもあるでしょう。

しかし、この「コントロールすることができない状況に身を投げ出す」ことこそが大切なのです。「思い込みラブ」では、相手に執着を覚えます。

執着するのは「コントロール可能である」と思い込んでいるから。

しかし告白すると、自分はコントロールする側ではなくなります。

恋愛は自分がコントロールすることはできない。

それが腑に落ちたとき、人は本物の恋愛を体験することができるのです。

Q ランクが上の恋人を見つけた人が勝ち？

告白すべし、と言われても、自己嫌悪の人はなかなかできません。

「私みたいなランクの低い人間が告白したら、相手に迷惑なのでは？」などと考えてしまうからです。私がそうでした。

「見た目がいいほうがいい」「お金があったほうがモテる」「若くないとダメだ」などと、恋愛市場において、様々なランキングがあると思ってしまうのです。

「告白して自分のランクの低さを思い知るなんて嫌だ」

そう思ったら、告白なんかできるわけがありません。


しかし、ランキングという考えそのものが「自己嫌悪モード」の最たるものです。

人間にはランキングなんか、そもそもありません。もちろん、人間の性質の一部を取り出して並べることは可能です。背の高さとか、体重とか、100メートルを走るのにかかる時間とか、テストの成績とかは並べられます。しかし、それは恣意的に選んだ性質の恣意的な比較にすぎません。それは、人格そのものの価値とは関係ありません。

恋愛とは人間の関係性の一種です。ですから、それは、ある人と別の人との関係性だけが問題なのであって、その人の属性の一部の序列とは無関係です。

豊かな人間関係は、お互いの創造的な対話によってのみ形成しうるのであって、属性の比較は、なんの意味もありません。

A ランキング意識が本物の恋愛を遠ざける

比較は同じ条件じゃないとできません。

みかんとりんごとの優劣は、そもそもつけようがありません。みかんが好きな人はみかんが好きであり、りんごの好きな人はりんごが好きなだけです。みかん同士であっても、比べるのは難しいのです。

恋愛にランキング意識をもち込む人は、「すべての人間が比較可能だ」という前提に立っています。まるでデパートに並ぶ洋服のような感覚を、自分自身にもち込んでいます。魅力的な洋服であればすぐ売れるのに、自分のようなみすぼらしい服はどうせ売れまい、という感じです。

この感覚は消費主義と大きく関係しています。

むかしむかし、貨幣というものが社会を覆い尽くす前、モノと人間との間には、強いつながりがありました。いや、現代でも、自分が手塩にかけて育てた作物や、一生懸命つくった作品を、簡単に売り飛ばすことはできないものです。人々が、最初から売り飛ばすためにモノをつくるのが普遍的となったのは、最近のことなのです。

それほど昔のことでもなく、私が子どもの頃であれば、ご近所の八百屋にいつも買いに行くことになっていて、そこに置いてある野菜を否応なしに買う、という感じが普通でした。人間同士の関係性の中に入った品物をやり取りしていたわけです。

しかし、今では、どこをどう流れてきたのかまったくわからない膨大な量の多種多様な野菜が、だれがどう経営しているのかわからないスーパーで売っています。それどころか、ネットを使えばどこの野菜も買えます。全国各地の旬の野菜のバラエティパックを取り寄せることもできます。

そんな中で「選択肢が増えれば増えるほど、自由になる」という錯覚に陥っているのではないでしょうか？

こと人間関係においては、その考え方は当てはまりません。

人間関係で大切なのは、相手のランキングや選択肢の多さではなく、たまたま出会った2人の人間が、お互いの間でどれほど創造的な関係性を生み出せるのか、ということだからです。

Q 腐れ縁に陥らないためには？

さて、自己嫌悪に陥っていて、「思い込みラブ」に引きこまれそうになっている人が、その状況を認識することは、可能なのでしょうか。

これは実のところ、大変難しいことです。というのも、その人にとっては、ほかのあり方がある、ということが想像できないので、何かおかしい、と感じることが難しいからです。

こういう人が認識を変えうるとすればどういう場合か、考えてみましょう。それはおそらく、嫌なことがあったときに立ち止まる、ということだと思われます。

「相手がこうしてくれるはずなのに、してくれない」と思ったら、そこで絶望したり、相手をコントロールしようとしたり、あるいは自分が悪いと思ったりせず、ちゃんと相手を見るべきでしょう。「果たしてこいつは、何者なのか？」と、冷静に世界を受け取るきっかけとすれば、事態が好転するはずです。

A　ありのままの相手を見る

人間関係というものは、それぞれの実像の上に構築されない限り、安定して創造的たりえません。虚像の上の関係は、果てしない偽装工作による疲労しか生まないのです。お互いが今の自分と今の相手を受け入れようとすることからしか、恋愛はスタートしません。自己欺瞞によって虚像を相互に構築し合っている関係は、実は恋愛ではなく、「恋愛もどき」なのです。

自分の思い通りに、相手を変える。相手に気に入られるために、自分を変える……。自愛にもとづく恋愛では、そうした考え方は起きません。

本当の愛は「自分である」ことからしか生まれないのです。

あなたは、ありのままの自分を愛していますか？

あなたは、ありのままの相手を愛していますか？

Q なぜ「自愛にもとづく恋愛」が難しいのか？

これは実のところ、私自身にとっても難しい問いです。というのも、繰り返し言っているように、私自身が自己嫌悪の塊のような人間だからです。そういう人間にとって、「自己嫌悪がない」というような状態は想像がつきません。

もちろん私は、私の経歴が示すように「成功者」であって、自分が生み出してきた成果や獲得した地位について、自信満々です。しかしそれは、自己嫌悪の裏返しであって、少しでも失敗すればあっという間に崩壊する、自己嫌悪の上に立つ砂上の楼閣にすぎません。

自己嫌悪がない、というのがどういうことなのか、それは想像がつかない世界。なぜ自愛にもとづく愛が自己嫌悪に苦しむ者にとって難しいかは、このことからすぐにわかります。

A　自己嫌悪のない世界が想像できないから

自己嫌悪のない、自愛にもとづく恋愛には、スタイルがいいから、綺麗だから、お金持ちだから、才能があるから……などといった、自己嫌悪に端を発した「相手に求める条件」などは、定義上ありえません。

たとえば、犬や猫を想像してください。

彼らは「条件」で相手を好きになったりしませんよね。

もちろん、餌をくれて面倒を見てくれる人を好きになります。

しかしそれは、餌をくれるから好きなのではありません。理由はわかりませんが、現に好きになったのです。たとえ餌をくれなくなっても、彼らは飼い主を慕うでしょう。

「相手が自分の条件にかなっているから、愛情を示す」

「自己嫌悪を埋めるために、愛情を示す」

なんて芸当は、彼らにはできません。

どうしてできないかというと、脳の問題です。

人間がもっている「巨大な大脳」をもっていないからです。


人間の巨大な大脳の威力はものすごく、私たちは感じてもいないことを、あたかも感じているかのように偽装できます。

好きじゃないのに、「好きであるように」偽装する。

好きでもない「好きなはずの人」を好きになってみせる。

この偽装能力は、文明を発展させるために大きな役割を担ってきました。

というのも、現実にもとづいて「像」を構成し、それをいったんバラして、別の像を仮想する、という能力こそが「思考」と呼ばれるものだからです。

私たちの思考力そのものが偽装能力であり、私たちを苦しめる原因でもあります。


文明にはかかせない大脳ですが、無条件の愛に必要な「あるがままの姿」を自分自身の目から覆い隠してもいるのです。

条件を設けず、ありのままに愛し合うことができたら、「思い込みラブ」のような焦りや不安を感じるかわりに、穏やかな幸せを味わうことができるでしょうに。

Q テンションをあげると、幸福になれる？

アメーバブログのプロフィール欄には、「好きな食べ物は？」「嫌いな食べ物は？」というような質問項目がたくさん並んでいますが、その中に、「何をしているときが幸せ？」という項目があります。

私はこの質問の形式を興味深いと思いました。というのも、幸せを「何かをする」こと、つまり「行為」と結びつけているからです。

しかし、『大辞林』に相談すると、「幸福」について次のように説明しています。


【幸福】不平や不満がなく、心が満ち足りていること（さま）。しあわせ。


この定義から明らかなように、幸福というのは状態であり、しかもそれは、積極的にコレコレがあるから、という形で示しうるようなものではないのです。

むしろ、嫌なことが何もないので満ち足りている、というように、消極的にしか定義できないような性質の状態です。

ところがアメブロの質問は、積極的に何かをしている状態を想定しています。これは、何かによってテンションがあがった感じを「幸せ」と考えるような見方が広がっていることの反映なのではないでしょうか。

最近ではSNSなどで、パーティやBBQなどで盛りあがる写真をアップする人も多く、「楽しい時間をもたなきゃ」「テンションあげなきゃ」と思ってしまう人も多いでしょう。

テンションとは、「緊張」という意味です。「テンションをあげる」とは、気を張って、「緊張度をあげている」ということなのです。つまり、先ほどの『大辞林』の定義からすると、幸福から離れていっていることになります。

テンションをあげなきゃ幸福になれない、というのは嘘です。
テンションをあげると、むしろ幸福から遠ざかります。

A　テンションをあげればあげるほど、「偽りの幸福感」が得られるかわりに、幸福からは遠ざかる

幸福とは、緊張度を高めるのではなく、何も不満がない、ゆったりとした感じです。

しみじみと平穏な「あるがままの今の幸せ」を感じるもの。

一方、テンションをあげるとは、興奮性ホルモンを出して何も感じなくすることです。もちろん「あるがままの今の幸せ」を感じることもできません。

ではなぜ、「何かをして」いることが幸福と結びつきうるのでしょうか。それは「不愉快さを感じないようにする＝幸福」という考えがあるからです。

心の奥底に自己嫌悪を抱えている人は、不安やいらだちなど、つねに「不愉快さ」をもっています。これは永久に続く歯の痛みのように、どうにも逃れようのないものです。

たしかに、テンションをあげて何かに夢中になると、この「不愉快さ」を感じずにすみます。痛みを散らす、モルヒネのようなものです。

しかし、テンションをあげたところで、自己嫌悪から抜け出すことができるわけではなく、むしろ、我に返ったときのむなしさを考えると、その痛みを増幅させてしまいかねません。「テンションをあげて、自分の不快感に蓋をする」行為を幸福と見なすことの背景には「資本主義的な考え方」があります。

７万円の素敵なコートを手に入れたら、テンションがあがり、「不愉快さ」を感じなくてすむ。テンションが下がったら、今度は10万円のバックを買えばいい。そうやって、延々とモノを手に入れて、一瞬のワクワク感を味わい、「自己嫌悪」を感じなくてすめば「幸福」になれる。しかし、それで得られるのは「偽りの幸福感」にすぎません。

だから、お金、モノを手に入れれば幸せになれるという考えは、資本主義が生み出したマボロシなのです。

Q おしゃれをするのはいけないこと？

もちろん、高級な服を買う人がすべて自己嫌悪にふり回されているのかというとそうではありません。本当にほしいものを手に入れることで、満足するというのは、人間にとって自然なことです。テンションをあげるためにほしくもないものをほしいと思い込んで買う、というのが不自然なのです。

おしゃれにも「自己嫌悪」をベースにしたおしゃれと、「自愛」をベースしたおしゃれの２パターンがあります。

違いは、人からよく見えるものを着たいか、自分が楽しくなるものを着たいか、です。

A 大切な点は「自分が楽しくなる」おしゃれかどうか

流行っているから、モテるから、女友達にセンスいいと言われたいから、仲間から浮きたくないから。

こうした動機でおしゃれをする場合、「自己嫌悪ベース」と言わざるをえないでしょう。「センスが悪いと思われたくない」「モテない女だと思われたくない」など、「自己嫌悪を感じたくない」という思いがベースにあるからです。

逆に、動機が「これを着ると自分らしくなる」「自分が楽しくなる」「自分を鏡に映して素敵だと思う」だとしたら、それは「自愛ベース」になるでしょう。

「自分が自分らしく」ありうるものを着る。
そこから、あなたの自由が拡がります。

着るものによって、そんな本物の充実感を味わうことも可能です。

第２章

なぜ「自己嫌悪」があると、「仕事」がうまくいかないのか？

Q 自己嫌悪にさいなまれていると、何をやってもうまくいかない？

誤解してほしくないのは、自己嫌悪がある人はダメな奴だ、と言っているのではない、ということです。そもそも、自己嫌悪がまったくない人は、多分いないと思います。

もちろん多い少ないはあるでしょうが、１００パーセント「自愛」の人はそうめったにいません。もちろん私も自己嫌悪でさんざん苦しんできました。むしろ、すばらしい業績をあげる人、昼夜問わず働きまくる人、必死にノルマをクリアし、トップに立つ人など、社会的に「成功者」といわれる人ほど、強い自己嫌悪を感じているのではないかと思っています。

自己嫌悪をもつ人ほど、その穴を埋めるために必死に努力するからです。

私は京都大学を卒業し、メガバンクに就職。そのあと退職して大学院に入り、京都大学の助手をふり出しに、ロンドン大学の滞在研究員、名古屋大学の助教授などを経て、今では東大教授となっています。周りから見ると「失敗知らず」の人生を送っているように見えるかもしれません。

実際に幼い頃から、スポーツにせよ試験にせよ、本番に強かったのです。しかし、本人はものすごく不安で、いつも怯えており、周りの人が自信たっぷりに見えて驚いていたのです。しかし、いざとなれば不思議なことに誰よりもうまくいくので、いったいどうなっているのだろう、と思っていました。

そして、最近になって、ようやく気づいたのです。私のたぐいまれな自己嫌悪が、「成功」の要因だったと。

私自身、ものすごく自己嫌悪の強い人間です。だからこそ、「これができないと死んでしまう」と思っている。だから、絶対に失敗できない。

また、高いハードルをクリアしようとしているときは、つねにテンションが高く興奮性のホルモンを放出している状態です。

だから、自分の感覚を味わうことがありません。

自己嫌悪からくる「不愉快」を感じることもありません。

それゆえ、何かに挑戦しているときに「偽りの幸福感」を得られるのです。

そして高いハードルを越えたからといって、本来の意味で幸せを感じることもないのです。ただ、ほっとするだけです。

私の場合、京大に合格したときも、会社をやめて大学院に合格したときも、助手になったときも、日経・経済図書文化賞という大きな賞を34歳で受賞したときも、東大の教員になったときも、ただ一瞬ほっとしただけでした。そして、すぐに次のハードルを探し始めたのです。

自己嫌悪の「不快感」を感じないようにするために。

つねに成功を続ける人は、「偽りの幸福感」に満たされつつ、つねに不幸なのです。

自己嫌悪を埋めるために、ハードルをあげ、そこを超えようとする。

これは「自分を忘れる」ための麻薬なのです。

使えば使うほど、どんどん麻薬を強めなければなりません。

A　自己嫌悪によって高い業績をあげても、決して満足はできない

つまり、自己嫌悪パワーで業績をあげると、どんどんハードルを高めなければならないのです。周囲でトップになったら、自分の街でトップに。日本でトップになったら、次は世界へ。

つねに右肩あがりで拡大し続けなければならない、という「領土拡張主義」にふり回されるのは、人格がぶっ壊れた状態です。

もちろん、壊れた状態だからこそ、「すばらしい」業績があげられるのですが、本人は心の底から幸せを感じることはないように思うのです。近代という時代は、そういった壊れた人間の発揮する能力を最大限に活用して展開してきました。この時代が、人類の最大の繁栄を実現しつつ、地球環境そのものの破滅を惹起しつつある根本原因は、ここにあるのではないか、と私は考えています。

Q

ならば、自愛の人は成功しないの？

もちろん、名声を得ている人すべてが、自己嫌悪の人であるわけではありません。たとえばウルグアイのムヒカ大統領。質素な生活が話題になり、「世界でもっとも貧しい大統領」と言われる元・ゲリラ戦士の彼は、その優しい笑顔とすばらしい言葉とで知られています。その姿は、彼が自愛に満ちた人であることを如実に表現しています。

しかし日本では、なかなかこうした自愛の人が成功することはありません。社会のルールや制度が、綿密に、自己嫌悪でパンパンになった人間が成功するように、設定されているからです。自愛に満ちた人はしかし、ゆるぎない生活を構築し、悠々と生きておられます。そういう方が指導者とならないのは、日本にとって、たいへん大きな損失です。

自愛の人が「成功」しないのに、豊かな生活を送っている理由は簡単です。

それは彼らが、「身の丈にあったこと」だけをするからです。

自己嫌悪の人が、身の丈を超えた背伸びを延々と続けるのに対して、自愛の人は身の丈にあったことを粛々とやっています。

A　身の回りを快適にすることに成功する

「身の丈にあったこと」とは、文字通り、「自分の気持ちや身体に目を向けて、豊かさを味わえる範囲」ということです。

また、家族や友人、ご近所の人たちなど、普段実際に触れ合える親しい人たちを幸せにできる範囲、とも言えるでしょう。

しかし、それは時にとてつもなく大きな範囲に届くこともあります。たとえば、インド独立の父、モーハンダース・カラムチャンド・ガンディー。彼は、なぜイギリス帝国主義と戦うのか、と聞かれて、私は私の精神をのびのびと成長させたいのに、イギリス帝国主義がそれを邪魔するからだ、と答えました。

彼は自分の身の丈にあったことだけをしていたのですが、それは世界の歴史を根底から変革する非暴力不服従運動となりました。

逆に、いたずらに拡張を目指し、地球規模で働こうとすることは、身体性を無視していて、徒労に終わります。

「自己嫌悪」を感じたくないから、身体性を無視するのです。

たとえば猫は、地球規模で何かをすることはありません。

自分の身体の幸せを満たし続けるだけでいい。

半径3メートルが心地いい空間だったらそれでいい。

それこそが「身体の範囲内」です。人間ならばおそらく半径500メートルが心地いい空間だったらいいのです。

半径500メートル以内に、不愉快なことやおそろしい事件や危険な施設などがなければ、幸せな気持ちでいられます。もちろん、半径500メートル以内の快適さを実現することは、簡単なことではありません。

まず家族と仲良くして、ご近所とうまくやって、環境を守って。

しかし、そこに与することが、自愛に満ちた成功への近道でしょう。

半径500メートルの快適さを無視して活躍しようとするから、おかしなことになるのです。

半径500メートルを最初から目指すのは大変ですから、まずは家の中を快適にすることを目指してみるのはどうでしょうか。

快適に片付けてみる。家族との関係を修復してみる。

そして、近所の人に気持ちいい挨拶をしてみるなど、快適さを広げてみる。

ちなみに私の部屋はぐちゃぐちゃに散らかっており、家族との関係もお世辞にもほめられたものではありません。人に偉そうに説教できるような身ではないことを、重々承知しております。

しかしそれでも私は、自愛に至るには、自分の身の周りから始めるしかないという理論的確信を、みなさまにお伝えせずにはいられないのです。

Q 「引きこもり」は自己嫌悪の悪い例？

外へ外へと拡大し続けることで、自己嫌悪をカバーする人もいれば、「引きこもり」という形態で、自己嫌悪に対処する人もいます。

「引きこもり」は自己嫌悪の対処法としては、悪くありません。なぜなら彼らは、環境にやさしいからです。

A 引きこもりは環境にやさしい

強烈な自己嫌悪の人が、絶えざる領土拡張を目指すばかりか、周りの人にも上を目指すように強要し、大車輪のように空回っていく中、誰も巻き込まず（親には多少の迷惑はかかりますが）、自分とネットの間で最小限に空回っている引きこもりは、エネルギー効率のよい生き方と言えるでしょう。

「もっと、ちゃんとしたポジションにいないといけない」

「外に出て、社会の役に立たなくてはいけない」

そうした焦りも感じるでしょうが、そうやって外で走り回っていることは、短期的には社会に貢献しているかもしれませんが、長期的に見れば環境破壊に加担して人類社会の存続を脅かしているかもしれないのです。

「引きこもり」は立場も役もないように見えますよね。しかし、立場にも役にもこだわらないなら、「引きこもり」が問題なのは、「お金がない」ことくらいではないでしょうか？

もしも彼らが、インターネットを通じてささやかながら、家の中で暮らしていけるだけの収入を得ることができれば、それで問題はほとんどなくなります。余計な拡大主義に染まらず、自然環境を破壊しない「引きこもり」は地球にやさしいよい生き方と言えます。


むしろ問題なのは「引きこもる勇気のない人」かもしれません。

自分の「不愉快さ」に向き合わないために、麻薬におぼれるように仕事に没頭する。憧れにもとづく恋愛に没頭する。楽しいフリをしてＳＮＳに写真を投稿して「いいね」を待ちわびる。

つねに自分の「嫌だ」という感覚を無視して、空回りを繰り返す人たちは、引きこもるよりも、はるかに不健康なのかもしれません。

Q 「立場主義」とは何か？

さきほど「立場」「役」というお話をしました。

とくに日本人は自分（もしくは相手）が、どういう「立場」でどういう「役」を果たしているかにこだわります。私はこれを「立場主義」というイデオロギーだと考えています。

後ほど詳しく説明しますが、「立場主義」は、第二次世界大戦の際に、膨大な数の人が立場上やむをえず人を殺し、自らの命を危険にさらす、というおそるべき「役」を強制されたことで、日本社会に浸透した、と私は考えています。そして戦後、立場を守るために必死で役を果たす、という行動パターンが、膨大な数の機械を動かす工場の運営に信じられない程の力を発揮して高度成長を実現し、このために日本社会のエートスともいうべきものとなった、と思うのです。

「立場」や「役」に固執するのも、「自己嫌悪」を埋めるため。

自愛を回復するには、「立場」「役」から離れたほうがいいのです。
そもそも、「立場」や「役」はなぜ必要なのでしょうか。

会社員としての私。
部長としての私。
父としての私。

こうした「立場」を求めるのは、自分自身に不安を感じるからです。
そして言うまでもないことですが、それは自己嫌悪に起因します。

A　**「立場主義」とは、「立場」を守るために、なんとしても「役」を果たそうとする精神**

「自己嫌悪の引き起こす不安」から逃げる手軽な方法のひとつは、○○として

の私、という枠を自分にはめ込んで、それを演じられたら、「自分のアイデンティティが確立された」と思い込むことです。

この「〇〇としての私を演じる」という行為は近年ますます加速してきました。たとえば「〇〇キャラ」という言葉。

新入生や新入社員として、新しい集団に加わる場合、最初に気にするのは「自分が何キャラでいくか」です。

真面目キャラでいくのか、いじられキャラでいくのか。

そうやってキャラを固定するまでは不安でしかたがない。

しかし、会社員であることも、部長であることも、父親であることも、いじられキャラであることも、あなたのひとつの側面を示しているにすぎず、イコールあなた自身ではないのです。

あなたは、キャラを演じていませんか？

もしそうなら、それを手放すことは、できそうでしょうか？

Q 「立場主義」はなぜ、「楽」で「苦しい」のか？

「立場主義」とは、一体なんでしょうか。

それは社会が人間ではなく「立場」からできている、という思想です。

各々の立場には「役」が付随していて、役を果たしていれば立場が守られる、ということになっています。このような社会で人間は、立場の詰め物のようなものになり下がります。役が果たせなければ「役立たず」ということになり、立場を失います。そうなると、人間は居場所を失うのです。

自分の本質とは違う「役」、もしくはいわゆる「キャラ」を演じていると疲れます。


本音を言いたいけど、「教師だから」言えない。

本当は人にバカにされるのは嫌だけど、「いじられキャラだから」我慢しなくちゃならない。

そんなふうに、自分の感受性を無視して、日々を過ごしていくのはたしかに疲れるでしょう。

しかし、いちばん疲れるのは「役＝自分」だと勘違いすることかもしれません。

たとえば、「営業マンであること」はあなたのひとつの側面をあらわしているだけで、あなたの本質をあらわしているわけではありません。

しかし、働く現場では往々にして、「営業マン＝自分」と思い込みがち。そして、「営業マンとしていい成績をあげられない自分＝ダメな自分」ととらえて、つらくなります。

こんな話を聞きました。あるデザイナーは、ミュージシャンとしてライブ活動も行っていたそうですが、デザイン事務所の仲間には音楽をやっていることを、音楽仲間にはデザイナーであることを、極力隠していたそうです。

「複数のことをやっていると、何か仲間を裏切っているような気持ちになるので」というのがその理由。これも「デザイナー＝自分」「ミュージシャン＝自分」という日本人的発想です。二足のわらじという奴です。

これが、たとえば中国ではまったく逆の発想になります。

中国はまず「すばらしい私」という発想をします。

中国人といえば「中華思想」ですが、その「中」というのは基本的に自分のことです。「中華」というのは「自分こそは世界の中心ですばらしい」という感じでしょうか。

彼らは複数の属性をもつことを自慢します。デザイナーとしての働きも音楽活動も、その「すばらしい私」を高めてくれるものでしかない。だから、「デザインも音楽もできるすばらしい私」と自分をアピールします。

また「人脈」を大事にするので、いろいろな顔をもっていると、それぞれ人脈が増えるわけですから、「いろいろできて、人脈も多いすばらしい私」ということになります。決して「デザイナー＝自分」「ミュージシャン＝自分」と切り分けて、股裂きになったりはしません。

「アイデンティティを確立するべき」などと言われますが、たとえば、「デザイナーとしてのアイデンティティを確立する」「ミュージシャンとしてのアイデンティティを確立する」というように、自分の「立場」を明らかにする、というふうに誤解して受け取られていることが多いのです。

「立場」は、アイデンティティではありません。

アイデンティティとは自己同一性などと訳されますが、これも意味不明な西欧社会独特の民俗的概念にすぎないのです。アイデンティティの語幹である"idem"という言葉は「同一」なること、というような意味で、おそらくは一神教における「神との合一」というような意味で、ユダヤ・キリスト教的概念が背景になっているはずです。

そのため、背景がまったく異なる日本語にはそもそも訳せないのですが、「立場主義」社会たる日本に無理にもってくると「立場」が一番近い、ということになるわけです。「神との合一」が、「立場との合一」となっているのです。「立場」は日本人向けの、「アイデンティティ」は西欧人向けの、自己嫌悪忘却グッズにすぎません。

「立場主義」は実のところ、すでに機能しなくなっています。なぜなら膨大な数の機械を人間が操作する必要がもうないからです。今ではその仕事を、疲れを知らないコンピュータがやるからです。立場を守るために果たすべき役が、もうないのです。にもかかわらず私たちの社会は、今でも「立場主義」で動いています。そこで一生懸命立場を守るために役を果たし続けても、自分を失うこと以外のことは、起きません。

A 立場を守れば居場所が得られるが、自分が失われるから

主体はあくまでも、様々なことを感じ、様々なふるまいをしている、あなた自身です。

仕事はあなたのひとつの表現にしかすぎません。

Q なぜ日本で「立場主義」が台頭したのか？

「立場主義」にとらわれない「本来の自分」を生きる。

頭では理解できたとしても、今の日本の社会システムでは、そうすることはなかなか簡単ではありません。

たとえば学校で、いったん入ったクラブをやめるときに学生はすごく悩みます。

義務でもなんでもないのだから、嫌ならやめればいいだけなのですが、「クラブをやめるなんて、裏切り者だ。信用ならん」という無言の圧力を感じるのです。

私たちには「自分の立場を守らない奴はダメだ」という刷り込みがあるからです。

たとえば中国のあるＩＴ関係の大企業の新入社員に、「10年後、どうなっていますか？」というアンケートをとったところ、大多数が「この会社にはいない。起業している」と答えたそうです。

そこには「立場」を守るという発想はありません。

そんな中国のある優秀な女性が、日本の有名大学で修士号をとって、ある日本のメガバンクに就職しました。会社のほうでも大いに期待していて、特別な教育担当者を配置するくらいだったのですが、彼女は、来る日も来る日も、意味の分からない報告書を書かされたりして、すっかり嫌になってしまいました。

そこで入社２カ月で退職を決断し、半年後にアメリカに渡ることにしたのです。そのことを人事部に言うと、彼らはその事態をのみ込むことができませんでした。あまりにも倫理に反することに思えたのです。そこで、たまたまアメリカで彼氏と結婚することにしていたので、結局、「結婚退職する」ということで納得してもらったそうです。

それでも、やめる日までは、社内の風当たりは相当なものだったとのこと。それまで仲良くしていた同僚が、ガン無視するようになったので、とてもつらかったそうです。

日本の「ひとたびある立場についたら、死んでもそこを守らなければならない」という刷り込みが、いかに特殊な日本的現象であるかを物語っているエピソードです。

ではなぜ、日本にそんな「立場主義」が台頭したのでしょうか。

それは「統制のとれた組織であればあるほど、結果が出る」という過去の成功体験があったからでしょう。

戦前の日本軍はまさに「立場主義」で回っていました。自分の立場を守るための変な努力の集積によって組織全体が暴走してしまい、一体、なんのために戦っているのかわけがわからない戦争に、全国民を引きずり込み、「一億火の玉」などといって、「立場を守るためにやせ我慢して死ぬ」のがすばらしいというようなイデオロギーで日本社会を染めあげてしまいました。

敗戦後、日本人はそれまでの「立場主義」を反省したかというと、そんなことはありませんでした。それどころか、戦争中に鍛えあげた「立場主義」精神で、ひとりひとりが自分を殺し、組織の歯車となって、懸命に働きました。

こうした戦時中の精神構造のままで、戦後の経済成長を実現したのです。工場の流れ作業のように、それぞれが自分のポジションを守り、熟練していくことが結果を出す近道でした。

「個々が立場を守る」＝「すべての役が果たされる」＝「工場がスムーズに動く」＝「業績をあげる」がイコールで結ばれていたのです。

なぜそんなに成功したのか。

それは当時の工場が膨大な数の機械を扱っていたからでしょう。

たくさんの複雑な機械をみんなで心をひとつにして動かすことができたのは、誰もが命がけで立場を守るべく役を果たした日本人だけでした。

A 戦後の経済成長の影を引きずっている

しかし、時代は変わりました。工場はオートメーション化され、機械はコンピュータが制御するので、統制のとれた組織も熟練工もいらなくなりました。

ところが日本人はその間に筋金入りの「立場主義者」となり、「立場を守るために役を果たす」というあり方が倫理にまで高められてしまい、それ以外の方法で成果をあげるのは、悪徳であるかのように思い込んでいるのです。

それゆえ、個々人がそれぞれに自分の感覚で判断して能力を発揮する、柔軟で創造的な形で秩序化された組織を、想像することすらできないのです。

そんなことを考えるのは、不道徳に思えて、怖いからです。

高度経済成長が続いた時代の「皆の立場を守って役を果たし、それで生産性をあげる」という考え方は、もはや幻想にすぎません。

端的な例としては、落日を迎えている日本の家電メーカーがあげられるでしょう。もはやオートメーション化されてしまって、立場主義者の跋扈する美しい組織はいらないのに、それを追い求めてしまう。

ニーズをとらえた商品や、イノーベーティブな仕組みづくりよりも、みんなの立場を守ることに全力をあげる。そして、なんら利益をあげることなく、立場を守るためだけに、多くの人たちを抱えてしまう。

今では「立場主義」にもとづく「統制のとれた組織づくり」は、組織の有効性を失わせ、経済を停滞させる足かせとなったのです。

Q 人は本当に長時間働かなければいけないのか？

「そうはいっても、毎日忙しく働けているのは、組織がちゃんとしているからではないでしょうか？」

そんな意見もあるでしょう。

ここで問題にしたいのは、「忙しく働けばいいのか？」です。

実は、忙しく働いている人ほど、何も機能していない、ということが多いもの。

仕事の中身を見てみると、利益に結びつかない無駄な表をつくったり、必要のない報告書を何枚も作成したり。学校の先生にしても、教科の研究や学生との対話といった本分は片手間にやっていて、意味のない書類づくりや会議に追われています。

なぜ、そんなことが起こるのでしょうか。

これもまた「自己嫌悪」と関係しています。

自己嫌悪に陥っている人は、自分のネガティブな面ばかり拾ってしまう、とお話ししました。


すると、「忙しくしていない自分を許せない」という状況を生みます。


そして、よりいっそう、「自分を忙しくする」ということになっていきます。

これはアリバイづくりと言えるでしょう。

自分の存在に自信がないから、存在証明がほしいのです。

その結果、余計な仕事をつくったり、無駄な会議を延々と続けたりしてしまう。

それが価値を生むことはほとんどありません。

「多くの時間を仕事に費やす」ことと「価値を生み出す」ことは、決して正比例しないのです。

こうした「価値を生まない無駄な仕事」をつくることで自分を忙しくして、自己嫌悪を埋め合わせるという現象が、日本社会に蔓延しています。

そもそも「長時間働かなければ、生活できない」というのが刷り込みです。

A「長時間働くべき」も刷り込み

これだけパソコンやインターネットが普及し、人間が手作業でやっていたことが効率化されたのだから、本来であれば仕事時間は減るのが順当です。

たとえば、オランダとかスウェーデンではワークシェアという形で時短に成功しているそうです。

それで社会は回っているし、財政にも問題はありません。

人々も生き生きと暮らしています。

しかし「自己嫌悪」を長時間労働で埋め合わせている人にとっては、仕事時間が減ることも、周りが生き生きと人生を楽しむ状況も困るのです。

毎朝満員電車にゆられ、長時間残業し、ヘトヘトになって帰路につく。

そうでもしない限り、この「自己嫌悪の穴」の黒々とした入り口から目を背けることができないのです。
人間という猿にとって必要なことは、

・おいしいものを食べる
・気持ちよいところに住む
・よい仲間と共にいる

の3つだけです。

立場主義組織における長時間労働が、これらに果たしてつながる道なのか、よく考えないといけません。

Q 組織の中で、自愛を取り戻すには？

「こんな働き方は変えよう」
「短い時間で価値を生み出し、そんな自分を肯定しよう」と思ったとします。しかし、立場主義者によって支配された組織の中で、ひとりだけ自愛に生きよう、と目覚めてもなかなかうまくいきません。

どんなに意味のある仕事をしたとしても、意味のない決まりごとにおつき合いしない人を人々は決して許しません。その圧力はすさまじく、本人もそんな自分に罪悪感を抱かないでいるのは難しいのです。

現代社会では、「つらい思いを我慢するかわりに報酬を得る」という刷り込みが幅を利かせています。どんなに価値ある仕事をしていたとしても、つらい思いをしていない人がお金をもらうことは、悪徳のように思えるのです。

それは私たちの上の世代の人がそうやって対価をもらってきたからでしょう。

そんな空気の中では、自愛に満ちた生き方を目指し、自分の健康を守れる範囲で、自分を大切にして価値を生み出すんだ、と思っても、周りの圧力につぶされてしまうことになります。

ここでご提案したいのは、「無縁者になる」ということ。

A 組織の中にいながら「無縁者」になる

中世の日本には「無縁所」と呼ばれる場所がありました。主従関係・親族関係を断ち切り、財産を手放し、国の支配さえ逃れられる場所で、世俗と縁を切った多種多様な人が集まったそうです。

もちろん、今は「無縁所」などありませんが、「無縁者として生きる」と意識することで、「立場主義」の呪縛からいくらか開放されるかもしれません。

具体的には、実際に組織を離れることもひとつの手ですが、たとえば、「とにかく残業をするほうが、仕事をしてる感がある」という職場の風潮だったら、職場に留まりながら、その風潮から無縁になるのです。

しかし、「自己嫌悪を埋めるために、意味のない仕事を偽装している人たち」からすると、そうした態度は攻撃の対象になります。

ではどうしたらいいのでしょうか。

それには、「あいつはとんでもない奴だから、しょうがない」と思われる、という手があるのです。とんでもない奴、それが「無縁者」なのです。

Q 「仕事をしているフリ」の人の攻撃を受けないようにするには？

「自己嫌悪」を埋めるような、長時間の無駄な仕事をやめて、意味のある仕事を短時間で終わらせる。

そんな態度は、「仕事を偽装している人」からすると脅威になりますし、攻撃の対象になるでしょう。誰かが本当に意味のあることをやってしまうと、意味のあることをやっているフリをしている人々は、「やっているフリを指摘されている」ような気がして、不快になってしまいます。相手と自分の壁を正論で壊そうとしても、らちがあきません。ただ、反発されるだけでしょう。

こういう場合は、自分が無意味な仕事をしているように偽装をする、という手があります。

A 無意味なフリをして、意味のある仕事をする

「仕事しているフリ」をしている人を脅かさずに、意味のあることをするには、どうしたらよいか。それには、意味のない仕事を真面目にやっているフリをして、意味のある仕事をする、以外にはないように思われます。つまり、

・誰もが「意味のない仕事」を「意味があるかのように偽装している」
・そこで「意味のある仕事」をすると目立つから攻撃される
・それゆえ、「意味のある仕事」をやりながら、「『意味のない仕事』を、意味があるかのように偽装している」かのように偽装する

よろしいでしょうか？

たとえば、書類をデジタル化して、効率化をはかろうとする。

それまで手書きだった届け出や清算書類をペーパーレスにすることで、書類作成の時間が減り、それだけクリエイティブな仕事に時間をさける。価値を高める改革だという確信がある、とします。

しかし、そのまま「これは意味があるんです！」と進めても、「意味があるフリをして意味のない仕事をしている」上司には、煙たい存在にしか思われません。じゃあどうするか。

「無意味な仕事をしているフリ」をするのです。

上司という壁に正論でぶつかるのではなく、上司と同じように「意味があるフリをして意味のない仕事をしている」フリをして、突破する。

具体的には、「ペーパーレスによって効率化」という正論を主張するのではなく、「ペーパーレス化したら効率化するかどうかは微妙ですが、この仕事をむりやりつくって、評価されたいんです。これをやると、ウチの課も評価されます」というストーリーで上司に確認をとる。

上司もそれなら、「まあウチの課が評価されるなら、やったらいいだろう」

くらいには思ってくれるかもしれません。まさに「意味があるフリをして意味のない仕事をしている」ように見せて、「本当に意味のあること」をやるのです。

そんな偽装、バカくさい！と思われるかもしれませんが、ちょっと待ってください。

私が尊敬するマイケル・ジャクソンは、「子どもを守れ」という思想を流布させるために、「つまらないポップ音楽」や「エッチなダンス」といった偽装をして、何億人に強烈なメッセージを届けました。宮崎駿のアニメ映画も同じです。「つまらぬもののフリ」は実に重要なアートなのです。

Q 意味のない仕事をふられたら？

もちろん、組織の中にいると、自分の仕事をコントロールすることは難しいでしょう。

立場主義者の上司に意味のない仕事ばかりふられることもあります。

「自己嫌悪」を埋めるために、意味のない仕事をし、それを他人にもやらせているため、やらされるほうもまた充足感を得られず、より「自己嫌悪の穴」が大きくなっていく。

この「悪循環」を食い止めるためには、どうしたらいいのでしょうか。

先ほど「無縁者」の話をしましたが、この場合は「やらかす」のもひとつの手です。人の意表をつくことを、次々とやらかしまくる。何をやるかわからない人だ、という評判を獲得する。

そのためには、言われた仕事を額面通りに真剣にやることです。

意味のない仕事というものは、「意味があるフリ」をしています。そこで、「意味があるフリ」のほうを言葉通り、真剣に受け止めるわけです。

つまらない書類の作成を頼まれた場合、上司は、言われた通り適当にやってくれたらいいと思うでしょう。しかし、真剣にシステムの問題から考えて、「この書類はこういうフォーマットに変えたほうが効率的だ」「いや、そもそもこんな書類は必要なの？」みたいな感じで真剣にやってみてください。

何が起きるかというと、ものすごく面倒なことになってしまうのです。課長は適当にお茶を濁す仕事を期待しているというのに、額面通りに真剣にやられてしまうと困ります。とはいえ、額面を命令したのは自分なので、止めるわけにもいきません。このジレンマに上司を追い込んでしまうのです。

もちろん、こんなことをすると、やっている本人は大変なことになりますが、ここは一晩二晩徹夜する覚悟で、ものすごく立派なものをつくってしまうのです。その間、あなたは他の仕事ができなくなるので、周囲の人は、大変迷惑をします。しかも、妙に立派な仕事をされると、自分のやっていることの無意味さが露呈して、二重に迷惑です。

A 「自分にとって意味のある仕事」に真剣にトライする

そうすると、「ただ真剣に仕事をしているだけ」にもかかわらず、あなたに無駄な仕事をお願いする人は少なくなるでしょう。下手にあなたに仕事をふると、自分の仕事が増えてしまうからです。

しかし、これをやるにはある程度の覚悟が必要です。しかし、覚悟さえ決めれば、誰にでもできることではあるのです。

このための覚悟とはなんでしょうか。

それは、「自分は会社の期待する主流派や出世コースにはのらない」と決めることです。

上司の期待に応え、周りと競争しながら出世を目指す。

それが会社員の本分だとしたら、そこから逸脱すること。

給料だけもらっていたらよい、くらいの気持ちでいきましょう。

今でも日本の企業は、いったん採用したら、そう簡単にはクビにしません。

いい仕事をすることと、会社で出世することとは違います。

私の大学時代の友人のお父さんは、ある巨大企業のエリート社員でした。私はその友人の家によく泊めていただいていたのです。そのお父さんは実に大変そうな仕事をしていたのですが、いつも楽しそうでした。あるときご飯を食べながら、お父さんは私に、「私はいつも会社の机の引き出しに、辞表を入れているんだ。そうしないと、仕事なんてできないんだよ」と言いました。大学生だった私には、意味がわからなかったのですが、今はよくわかります。

「『いつでも会社をやめてやる』と思わないと意味のある仕事ができない」というのが、高度成長期を支えたエリート・サラリーマンの心意気だったのだと思うのです。

つまり、仕事をする上で、よって立つものは組織からの評価ではなく、「自分にとって意味のある仕事だという手応え」なのです。

しかし、組織は「自分にとって意味のある仕事かどうか」と自分の頭で考える社員を嫌います。

意味があるかどうか考えるのは、お前じゃなくて幹部だ。

いちいち社員に考えられたら、面倒だ。

そう考えるからです。こういう圧力の中で、「この仕事が自分にとって意味があるかどうか」を判断し、それに従って行動するためには、「いつでも辞表を出す」という心意気が必要だったわけです。

しかし、組織は社員の「自愛モード」を阻止するために、自己嫌悪や罪悪感を植えつけます。序列を覚えさせ、マナーを叩き込み、「上の人には逆らってはいけない」「自分のやり方ではやってはいけない」と思い込ませます。「ありのままの自分ではいけない」と思い込ませるために、上司が徹底的にしごく、という会社もあるでしょう。このような圧力と正面切って戦っても、意味もなければ、勝ち目もありません。しかし、組織に入ると「自己嫌悪を抱くこと」を強制させられる、ということを事前に理解しておくのは、大切なことです。そして、いつでも辞表を出す覚悟を固める。

その上で、かわいい子のフリをして、ふんふん聞いていればいいのです。そして言われたことは額面通りに受け取り、なりふり構わず真剣にやってみせる。

そして、自分の中の「自愛」を大切に育て、「自分にとって意味のある仕事」をし、「意味のある技術」を身につけ、ある程度、技能や権限を手に入れたら、それを徹底的に「悪用」して意味のある仕事に向ける。

「自己嫌悪」の組織の圧力と戦おうとしない。しかし、服従はしない。ひそかに別のチャンネルで、「自愛」を育てていくことが大切なのです。

Q 仕事を干されてしまったら？

さて、こういうふうにしていると、みんなから嫌われなくとも、煙たがられてしまうでしょう。誰も近寄らなくなって、ポツンといるのは寂しいものかもしれません。しかしそうなると、仕事も降ってこなくなるので暇になります。

さらには積極的に「仕事を干す」という手段を使ってくるかもしれません。「仕事を干す」というのは、「役を与えない」ということで、それはつまりやがて「立場をなくす」ということの前兆です。これは怖いことでもあります。

とはいえ、ここでビビッて「仕事をください」と言えば、おしまいです。

そんなときこそ、暇でいることです。

怖いかもしれませんが、暇になったら、腹を据えて、ぼんやりしていることがとても大切です。

A 進んで暇になろう

「自分が本当は何をしたいのか」を知るためには時間が必要です。
そのためには、やっぱり、仕事を減らすのが大事です。

チャンスは、思わぬ方向から降ってきます。
降ってきたチャンスを拾うためには、暇でないといけない。

忙しいと、たとえ棚からぼたもちが落ちてきても気づかず、「顔を上げたときには何も降ってこない」みたいな状況になってしまうのです。

もし、組織の中にいなかったら、暇でいれば、仕事が減るわけですから、お金はなくなるでしょう。

でも、お金がなくなるのもまた、悪いことばかりではないのです。
なぜなら、お金がなくなると、お金を払わないとつき合ってくれないような偽りの関係が、自動的に切れるからです。腐れ縁の友人からお誘いがあっても「すいません。お金がないんです」と言えば、呆れられて、誘われなくなります。

一方、「お金はいいよ、出してやるからおいで」と言ってくれる友人がいるなら、きっとそれはあなたを本当に必要としてくれているわけです。

しがらみに左右されず、行きたい場所にだけ限定して行けるようになります。したくないことを、やめられるわけです。

逆にお金があると、「やりたくないけど、できるからやってしまう」「行けるから、行ってしまう」というように、やりたくないことばかりが増えてしまう。

お金というのは不幸な関係が切れないように維持する仕組みといっても過言ではありません。

お金がなくなることは、自己嫌悪の自分を見つめ直し、自愛へと生まれ変わるためのチャンスとして活かせるのです。

お金関係なしにやりたい仕事だけに限定したら、当然金はなくなる。

その状態にまずなる。そしてお金がなくてもつき合ってくれる人とだけつき合い、どうしてもやりたいことだけやる。

その状態を拡大していって、お金を増やしていく。

こうすることで、自分の周囲の人間関係を、自己嫌悪にもとづくものから、自愛にもとづくものへとシフトできるのです。

私自身は、大学でお金をもらっているのでこの状態になったことはないのですが、現に、こういう状態で楽しく暮らしている友人を何人も知っているので、不可能でないことは証明されたと考えています。

もちろん、お金が足りない生活は大変なのですが、お金があることもまた、大変なのです。聖書の「マタイによる福音書」の19章に次のような節があります。

それからイエスは弟子たちに言われた、「よく聞きなさい。富んでいる者が天国にはいるのは、難しいものである。また、あなたがたに言うが、富んでいる者が神の国にはいるよりは、ラクダが針の穴を通るほうが、もっとやさしい」。

私は若い頃、この節を読んで「何言ってんだ」と思ったものですが、それから何十年か過ぎた今、お金の大切さを身にしみて感じると共に、お金のおそろしさも、身にしみて感じています。

お金があると、不幸を隠蔽できるので、耐え難い不幸が構造化されて、何十年も継続し、拡大していくのです。幸福そうに見えるお金持ちの家が、本当は、とんでもなく不幸であった、という事例を、私はあきれるほどたくさん見てきました。

お金持ちは、貧乏人なら到底耐えられないような不幸を、お金の力でごまかして、いつまでも続け、とんでもない状態をつくり上げてしまうのです。

本当におそろしいことだと思います。

第3章

「自己嫌悪」の正体とは何か？

Q どうしたら自己嫌悪から脱出できる？

ここまで「自己嫌悪」を抱えているとどんなことが起きるのか、お話ししてきました。こう思われた方もいるでしょう。

「自己嫌悪があると、そんなに悪いことばかりが起きるなら、早く自己嫌悪を手放す方法を教えてください」

ここでお伝えしたいのは、自己嫌悪から脱出するには「自己嫌悪からの脱出」を目指してはいけない、ということです。

A 自己嫌悪からの脱出を目指さない

本章で詳しくお話ししますが、自己嫌悪は、幼い頃に脳に埋め込まれており、それを自分で書き換えるのは無理な話なのです。

自己嫌悪から脱出しようとすると、「脱出できない自己」を嫌悪していく、という負のスパイラルに陥るだけです。ではどうすればいいか。

ポイント１　自分の行動が自己嫌悪から来ていることに気づく
ポイント２　自己嫌悪に依拠しない行動、自分自身の能力、自分と他人との関係を増やす

自己嫌悪から意識を遠ざけ、「自愛」の瞬間を増やしていく。

そうすることで、自己嫌悪の息苦しさから徐々に解放されていくのです。

「自己嫌悪」に注意を向けるのではなく、「自愛」に注意を向ける。

それでは「自愛」を活性化させるにはどうしたらいいのか？

本書でも折に触れてお話ししていきますが、キーワードのひとつが「身体」。

自分の身体感覚に目を向けていくことで、自己嫌悪とは別のモードを作動させることができるのです。

Q 身体の感覚を取り戻すには？

身体の感覚を取り戻すために、おすすめしたいのが「馬」です。

「馬？」

そう。馬です。ホース・セラピーをおすすめしたいのです。

今回、この本を書くために、関係者で神戸市の六甲山地の東部にあるフルーツフラワーパークという施設の一角にある「みついの杜牧場」に行きました。

ここでは、乗馬体験だけでなく、馬とのふれ合いや関わりを通して生きる力を身につけていく「ホース・セラピー」を実施しています。

ただ馬にふれる、馬を引いて歩くだけで、多くの気づきがあります。

たとえば馬の手綱を引く際も、馬を信じ、自分を信じて動かなければ、馬はついてきてくれません。びくびくしていると余計な信号を受け取ってしまい、馬は混乱してしまいます。

これは言葉ではなく、身体感覚の話です。

身体全体で相手を信じる。

身体全体で自分を信じる。


相手と自分を信じる感覚を、馬は身体性を通して教えてくれるのです。

人間同士の関係と違って、馬には肩書きや立場など関係ありません。

社長だから言うことを聞く、貧乏人の言うことは聞かない、なんてことはありません。目の前の人間がどんな立場の人であるかなどといったことは、馬にはまったく関係ないからです。


馬はただ、人間のありのままの姿に寄り添ってくれます。


そしてありのままの自分に寄り添われることで、立場主義根性が薄れ、身体の感覚が開いていきます。

もともと人間は、人間同士でもそうした関係をつくれるものなのです。

しかし現代社会では、「ありのままに寄り添う関係」が消え、想像すらできなくなっています。

つまり、馬との間に形成される生身の関係性が、身体の感覚を開いてくれるのです。

A 立場抜きの関係性を築く

ホース・セラピーはそのことを教えてくれます。

ホース・セラピーに限らず、役割や立場抜きの関係性を体感することで、身体の感覚を開いていくことは可能です。

たとえば、道で出会ったまったく見ず知らずの人に挨拶してみる。

コンビニの店員さんに、心を込めてお礼を言ってみる。

そしてできたら、近くの子どもと友達になって遊んでもらう。

そうした立場抜きの関係が、身体の感覚を開き、自愛へといざなってくれるのです。

Q 「自愛」へと近づくには？

自己嫌悪から離脱しようとすると逆効果だ、とお話ししました。手放そうとすればするほど、手放せない自分を嫌悪してしまいます。それよりも、別のチャンネルを増やす、という発想をしたほうがいいのです。自愛へと近づく時間を増やしていきましょう。

ではどうすれば、自愛へと近づけるのか。
それは、感情を身体に接続させることです。

自己嫌悪にふり回されているときは、自分の感情を見ることができません。自分がどうしたいか、ではなく、他人からどう見られているかを基準に動いてしまうからです。

ただ、「自分の感情を見る」といっても、それは簡単なことではないでしょう。見る、といっても、自分の感情を意識する習慣がなければ、自分がどういう感情を抱いているかが「わからない」からです。

自己嫌悪にとらわれていると、頭と身体とが分離し、自分の感情を感じることができない。

その場合、頭ではなく、身体にアプローチしたほうが早いでしょう。身体をほぐしてみるのでもいい。ストレッチしてみるとか、毎日散歩してみるとか。ヨガの呼吸法を試してみるのもいいでしょう。

そうやって、身体に働きかけていくことで、外部と内部がつながっていく。つまり、頭と身体がうまく接続していきます。

A 頭と身体とを接続させる

五感にアプローチするのも手です。

散歩をしながら、雲が流れていくのを眺めてみたり、風の音を聞いたり、花の香りを嗅いだり、ブロック塀のざらざらを触ってみたり。

そういう体験を通じてわき出てくる感情を、注意深く観察する。


身体にアプローチして頭と身体とを接続し、自分の感情を味わうことが、自愛へと近づくための早道です。


しかし、もちろんそれで、現実がすべてうまくいくとは限りません。

たとえば、あなたが「思い込みラブ」に陥っていていたら、あなたが自愛に向かって進むと、相手は離れていくでしょう。自分の闇を見透かされるのが不愉快だからです。

でも、これは、「逃げてくれてありがとう」なんです。
そこで動揺しないで、身体をときほぐし、あくまでも自分の感情に目を向けていてください。

相手が離れてしまって、悲しいのなら、悲しみを味わう。

そうやって、つねに自分の感情に目を向けること。
これが自愛への道だと知っておいてください。

Q 自分の地平を生きるためにはどうしたらいい？

ついつい他人の目が気になってしまう。
周りの評価にふり回されてしまう。

そういったふるまいを私は「他人の地平を生きている」と表現しています。

なぜ人は他人の地平で生きてしまうのか。源流は「親との関係」にあるはずです。なぜなら私自身が、そうだったからです。

親が自己嫌悪にふり回されて、子どもに「自分がそうありたかった像」を押しつけた場合、つまり「ありのままの子ども」ではなく、「自分に都合の良い子どもの像」を押しつけた場合、子どもは「親の視点」で自分を見るようになります。

かつて私は、「親の視点」で自分を見ている子どもでした。

それもおそろしいことに、子どもの頃の記憶がすべて、自分を斜め上から見下ろす映像になっているのです。

なぜそんなことになっているのか、不思議でならなかったのですが、10年ほど前に、それが母親の視点であることに気づきました。

自分の気持ちや感じ方、体感や欲望を汲み取るのではなく、母親が自分をどう思っているか、自分に何を求めているかばかりを汲み取ろうとしていたのです。そしてそのことを、意識することはありませんでした。

これが「他人の地平を生きる」ということです。

「自分は母親の視点を生きている」と気づいて愕然としたときから、私の記憶が変化しました。記憶の中の映像が、斜め上から見下ろしたものから、自分の視点から見た風景に変わったのです。もっとも、子どもの頃の映像には、相変わらず斜め上からの視線のままのものが残っているのですが。

A 自分の中にある「親の視点」に気づく

しかし、「親の視点」に気づくのはなかなか難しいのです。親の視線の中をずっと生きてきた人は、その視点で物事を見ていることに、気づかないからです。

そして、本当はわかっている自分の視点・自分の感情を、「悪いこと」「いけないこと」と感じて必死で押し殺す。ここから、自己嫌悪が始まります。

他人の目を気にして動き、他人のお眼鏡に叶う生き方ができたとしても、自分で満足できないので、「満足できない自分」を嫌悪します。

自分の視点・自分の感覚は、生きるための羅針盤です。それを放棄してしまえば、人生は狂っていきます。どうしたら、この「狂い」から抜け出せるのか。

それは「親殺し」をすることです。

もちろん、実際に殺すわけじゃありません。当たり前ですが。

親から離れ、自分の中の親を殺すのです。それには、実際に離れて暮らすことも有効ですし、親の言いなりになってきた人は、あえて親の言ってることの反対をいくのもいいでしょう。

なにより大事なのは、自分が「親の視点」、つまり「他人の地平を生きていること」に気づくことです。

Q 自分の地平で生きられると、何が変わるのか？

自分の地平で生きるようになると、人生は一気に変わります。

まず、息をするのが楽になる。
自分の能力を自然に発揮できるようになる。
無理をすることがもたらす「ゆがみ」が消え、柔らかく生きられる。

もちろん、今までのやり方を変えるわけですから、不安や迷いもともないます。しかし、意識しなくても、結果は確実についてきます。

「他人の地平」で、なんとか他人に認められるような結果を出そうとしていたときの何倍も。

ある人は仕事の成果を手にするかもしれない。
ある人は心の平安を取り戻すかもしれない。

ある人は周りから嫌な奴が消えるかもしれない。

なんでもおいしい。よく眠れる。

綺麗になる。理想的な体型になる。


結果を追求しないことによって、望んでいた結果は後からついてきます。

A 自分の地平で生きると、すべては変わる

何年か前のことです。

私の知り合いのある若い研究者は、私の『生きる技法』（青灯社、２０１１年）という本を読み、自分を取り戻す決意をしました。

「自分のしたいことをして、したくないことはしない」と奥さんに言うと、彼女は猛然とこの話題を拒絶したのです。すると彼は、不眠症になってしまい、別居せざるをえなくなり、半月後には離婚に至りました。

そこから半年足らずで、彼は何もしないのに10キロやせました。小太りのオジサンふうだった彼は、スラリとした若者に戻りました。

彼はもともと、自分を操作する奥さんといることが苦しかったのですが、そのことにすら気づいておらず、離婚することなど考えもしていませんでした。やせようと思ったわけでもないのです。

ただ、「本当の自分」で生きようとしただけだったのです。

Q 「自己嫌悪」の源流とは？

他人の地平で生きてしまう、つまり「自己嫌悪」を生きてしまう源流は、「親との関係」にある、とお話ししましたが、もう少し詳しく見ていきましょう。
何が原因で心の中に「自己嫌悪の芽」が生まれるのでしょうか。
私は3歳くらいまでの発達段階で受けた心の傷が原因だと考えます。

肉体的虐待や性的虐待があればもちろん心の傷を受けますが、そうではなく、一見「正しく立派に見える」育て方であっても、心の傷は形成されます。

私が一番深刻だと考えるのが、愛情がないのに「愛情があるフリ」を全力でする、ということです。それはつまり、子どもを愛さないで、子どもを何かに利用するためにしっかり育てる、というやり方です。そしてそれは、往々にして、理想的な育児、と認識されているやり方なのです。

たとえば私の親がそうです。彼らは、私を一生懸命に育てました。彼らはそれを愛情だと確信していたはずですが、私は愛情を感じませんでした。

彼らの目的は、私を立派な人間に育てることであって、私は「立派な人間」の材料にすぎなかったのです。そして目論見通り、私を京都大学に入学させて、東京大学の教授にしたのです。

ただ、そこから先、彼らの目論見は大きく外れたわけですが。


愛情がないのに、「愛しているフリ」をする。

忙しくないのに、「忙しいフリ」をする。

親がこうした矛盾を繰り返していると子どもの心は壊れていきます。


感情と言葉とが一致しない、矛盾したコミュニケーションが繰り返されると、子どもは「本当の気持ちを表現してはいけない」ということを学ぶからです。

この「自分の感情を表現してはいけない」という世界観が、「自分の感情は悪である」という感覚を生み、自己嫌悪の芽となっていくのです。

なんというおそろしいことでしょう。

A 「愛しているフリ」が自己嫌悪の芽になる

Q 感情を否定された子どもはどうなるのか？

「感情の否定」についてもう少しお話ししましょう。

たとえば、お店で子どもが親に、「これ買って」とねだったとしましょう。「ダメよ」と否定されただけでは、「買ってくれないんだ」と悲しくなりこそすれ、子どもは自分の感情を否定するまでにはなりません。

しかし「そうやってなんでもかんでもほしがると、ろくな人間にならないよ」などと、「あなたのためを思ってダメと言っているのですよ」という姿勢でのぞまれたらどうでしょう。

そこで子どもが「わかった。がまんする」などと言えば、親は「まぁ、なんて聞き分けのよい、いい子なんでしょう」と大喜びするはずです。

こうなると「自分の気持ちを抑えること＝親に褒められる」という学習をすることになり「買いたい」という気持ちそのものに、罪悪感をもつようになります。そして、「したい」「ほしい」という気持ちが顔を出すたびに、「感じてはいけないことを感じる自分」を嫌悪するようになる。

つまり、親が「本来の子どもの魂の作動」を否定してしまうわけです。
これが「自己嫌悪が生まれる構造」です。

A 親の「あなたのために」によって、子どもは壊されていく

「あなたが自分の感情を否定することは、あなたのためになる」というのは、この上なく暴力的なメッセージです。

しかし、完全なる暴力であるにもかかわらず、これは「しつけ」と呼ばれ、社会的にも承認どころか、推奨されているのです。

Q なぜ親は「愛情のあるフリ」をするようになったのか？

もちろん、「愛情のあるフリ」をする親もまた、自己嫌悪にもとづいて育てられたのでしょう。自分の気持ちをそのまま言葉にする習慣がないのです。

私もまた、「愛情のあるフリ」で育てられた子どものひとりです。私の母は完璧な子育てをしました。ただし、愛情がないまま。

その愛情のなさと、子育ての完璧さという矛盾が私を引き裂いたのです。

彼女の表面は「戦後民主主義」で、中身は「靖国の母」でした。

戦時中の「靖国の母」をご存知でしょうか。

戦死した息子の母親は、おそろしい精神状態に置かれていました。兵隊に取られた息子の残虐な死を悲しむことを許されず、「靖国の神になった」というストーリーを押しつけられて、喜ぶように強制されたからです。

そしてこの時代の女性の使命は、男の子を産んで立派に育て、そして、立派に戦死させることでした。靖国の母は戦争に子どもを送り、戦死したらにっこりしなければなりません。自分が育てた息子が戦死しても、「ありがとうございました」と言わなければいけません。悲しい、悔しいと言ったら怒られてしまいます。

愛情が残っていたら、立派な「靖国の母」にはなれません。

だから、彼女たちは感覚を意識的に断ち切る必要があったのです。

大人はそれでも、むりやりそういうフリをしていたのかもしれません。しかし、戦時下に育った女の子の中には、それを真に受けてしまった人がたくさんいたのではないでしょうか。

そうやって子どもの頃に精神構造が形成されてしまえば、戦後民主主義の時代になっても、「靖国の母」のマインドは消えようがないのです。こうして「戦後民主主義で偽装した靖国の母」が形成されたのではないか、と私は考えています。私の母親は、その典型例なのだと。

A 「靖国の母」マインドが残っている

自分の感情と身体とが断絶したまま、「正しい母」を目指し、その子どもは自己嫌悪を植えつけられていく。

そうした「負のループ」が、現代日本社会の基盤となっている。

自己嫌悪に苦しむ私がその一例だ、というのが私の考えです。

Q なぜ親は子どもをコントロールしようとするのか？

自己嫌悪にふり回されている親は、子どもにも自己嫌悪を植えつけてしまう、という話をしました。

それは、子どもを虐待したり、責めたり、しつけたり……という積極的過程がなくても、「感情と身体が接続されていないコミュニケーション」を子どもに見せつけることで、静かに子どもを壊してくわけです。

一見、よい父、よい母であっても、実は子どもを縛りつけ、壊していく、というパターンは多く見られます。

たとえば、私の知り合いの兄である、Aさんの場合。

Aさんは中学の頃のいじめが原因で、不登校になりました。

父親は単身赴任をしていて、子育ては母親にすべてまかされていたそうです。

母親はいじめられたAさんを気の毒に思い、とくに学校には行かせませんでした。その後、Aさんはうつ病を発症。病気を理由に家でぶらぶらと遊んでいたそうです。Aさんのことで口論の絶えなかったご両親はその後離婚。

Aさんは母親に引き取られていて50代になった今でも、金銭面から生活の世話まで、すべて母親が面倒を見ています。

この例を見ると、ひょっとしたら働かないAさんが悪者で、母親はAさんの犠牲者と見えるかもしれません。犠牲者まではいかなくても、少なくともAさんの面倒を見続けた母親は「立派な母親だ」ということになりそうです。

しかし実は、「今のAさんの状態は母親の理想だった」とも考えられるのではないでしょうか？

Aさんの家族関係をもう少し詳しく見てみましょう。

Aさんの母親は母子家庭で育ち、さみしい幼少期を体験し、「いつも周りに人がいてほしい」そう思っていました。

しかし、単身赴任の夫のかわりになるのは息子、すなわちAさんしかいませんでした。

家で引きこもるAさんは、母親にとって都合のよい存在だったのです。母親は夫の愚痴をAさんに吹き込むことで、世間は厳しい場所で、家の中が安全であるとメッセージを送り続けてきたのです。そして「よい子」だったAさんは、そんな母親の期待に応えようとした。

ある意味、Aさんこそが母親の犠牲者だったのではないか。Aさんの妹である私の友人は、このように考えています。もちろん、彼らの母親に「悪意」なんかはないのです。

自分の無意識に隠れた欲望を、子どもに押しつけていただけ。

A 自分の欲望を満たすために、親は子どもを無意識にコントロールする

自己嫌悪の親に育てられ、必死に親に認めてもらいたいとがんばる「よい子」。Ａさんのような「よい子」は、親の欲望を「自分の欲望」と見なしてしまい、本当の自分の欲望が、わからなくなっています。

そんな「よい子」が、ある時期を境に不良になったり、引きこもったり、リストカットを繰り返すようになる。

親や教師は、「あんなによい子だったのに」と悲嘆に暮れます。

でもそれは、「よい子」の身体が、命がけで自己を表現しようとしている、究極のＳＯＳのようにも思えます。

Q 自愛の子育てとはどういうもの？

自己嫌悪の子育てとは「子どもの魂の発動を否定する」ことだとお話ししましたが、それでは、自愛の子育てとはどういうものでしょうか。それは実のところ「子育て」ですらないのです。子どもと共に生きる、ということですから。親が固定していて、子どもだけが育つ、と考えるのが「子育て」です。しかし、そんな一方向的な人間関係が、正常であるはずがありません。

親が、子どもと共に育つ、というのが、正常な関係性であるはずです。親が育ち、子が育つ。それが自愛への道です。

それには、親が子どもの感じていることを感じ取らねばなりません。さもないと対話が生じませんから。そのためには、親が自分自身の感じていることを感じる能力がないといけません。それはつまり、親自身が自己嫌悪を離れ、自愛へ向かう過程そのものなのです。

A 自分自身の感情に気づき、子どもの気持ちを汲み取っていく

親が自己嫌悪にふり回され、感じていることを感じ取る能力がないなら、自己嫌悪の罠は確実に親子をとらえていきます。

自分の気持ちがわからない、もしくは子どもに矛盾した信号を送りそうな人は、早いうちに子どもを保育園に入れてしまうのも手です。

しっかりとした先生であれば、自己嫌悪の親よりはずっとマシな対応ができます。それ以上に、友達とのコミュニケーションが彼らを育てます。

日本ではなぜか「3歳くらいまでの子どもは親が見るべき」という迷信があります。しかしそれは、親がまともでないと機能しません。そうでなければ、自己嫌悪の親が、コントロールの効かない子どもにストレスを感じて虐待するリスクを拡大させるばかりです。

子育てを「親の自己嫌悪の穴埋め」にしないためにも、乳幼児であっても、

子どもは日中保育園に預けることで、親も余裕を取り戻しうるようにすべきです。たとえばスウェーデンでは、1歳を超えた子どもは保育園に入れることが普通だそうです。そのほうが子どもの成長や社会化にも役立つ、と考えられているからです。

子どもの魂の発動を注意深く見守る。
そのためには、自分の魂の発動も抑圧しない。

親が自愛への道を踏み出してようやく、自愛する子どもが育つのだと思います。

Q 「束縛親」にどう接するか？

では、すでに大人になってしまった者が、「悪意のない加害者」である親に厄介な目にあわされ続けている場合、どう立ち向かえばいいのでしょうか。

まず言えることは、説得しても無駄だ、ということです。

子どもをコントロールできる、と思い込んでいる親は、どんなことであっても、子どもにコントロールされることはないからです。

そんなときは「衝撃」を与えるしかありません。

彼らには、「子どもはコントロールできない存在だ」ということを、体感させるしかないのです。

A 束縛する親には「衝撃」を与える

「思い込みラブ」のところでもお話ししましたが、自己嫌悪以外の回路を活性化するには、親に「コントロールできない状況」と直面してもらうしかないのです。

私の場合は、親が離婚に反対したときに連絡を絶ちました。もう10年以上、会っていません。

両親、とくに母親は記憶から私のことを消去しているんじゃないかと疑っています。

もともと、子どもへの愛情よりも、「正しい母親」になることを目指しているような人でしたから、「子どもの離婚」は許せませんでした。

また、最近になってからですが、私は普段から女性装をしています。

それでメディアにも出ますが、「息子が女性装をしている」なんてことは、彼女にとっては受け入れられないはずです。もともと、「女子より男子のほうが育てる価値がある」と思い込んでいる人でした。たぶん、「戦争に息子を送る」ということを、無意識に価値だと感じていたのでしょう。

もちろん私は、母親に嫌がらせをするために女性装をしているわけではなく、このスタイルのほうが気持ちよくて安定するからなのですが、「衝撃を与えたい」という気持ちがまったくないかというと嘘になります。

そして私の意図は、たぶん成功していると思います。

もしもあなたが、自己嫌悪に苦しんでいるなら、幼い頃の親との関係を思い出してみるのもいいかもしれません。

在庫整理をするような気持ちで、親子に限らず、子ども時代のコミュニケーション全体について思い出してみるのです。

3、4歳の頃のことで、記憶に残っているシーンはあるか？

それは今の苦しみと何か関わりがあるか？

そんな自問も有効だと思います。
あなたには、どんな記憶が浮かんできますか。

第4章

「自愛」に向かうために、できること

Q 自己嫌悪だらけの世界で何ができるのか？

アメリカの偉大なポップ・スターであったマイケル・ジャクソンが亡くなったのは２００９年の６月でした。それから半年くらい過ぎて、私は突然、マイケルの音楽に取り憑かれ、その思想を研究するようになりました。その成果は、『マイケル・ジャクソンの思想』（アルテスパブリッシング、２０１６年）にまとめました。

彼の作品は、まさに、この自己嫌悪まみれの世界を生き抜いて、変革するための思想を表現したものです。ここでは、彼の最高傑作である『ゴースト』という40分もあるすばらしいショート・フィルムを採りあげたいと思います。マイケルが扮するマエストロは魔法使いです。幽霊が動き出したりして、それを子どもたちに見せると、すごく喜ぶわけです。

しかし、マエストロは子どもたちにこう伝えます。

「このことは、大人たちには言っちゃダメだよ」と。

子どもたちの中には、２人の兄弟もいました。

上の子はいつも母親にぶたれていて、母親を信用していません。

下の子は母親に可愛がられていて、母親のことを信用しています。

ある日、下の子は母親に告げます。

「みんなが嫌っているあのマエストロは、実はすばらしい人なんだよ」

マエストロが使った魔法について、ついに母親に言ってしまうわけです。

母親はそれを皆に言いふらします。

「あのマエストロはとんでもないことをして、子どもたちをたぶらかしている」

そうして市長を先頭に人々は、マエストロを追い出そうと、彼のもとに押しかけるのです。下の子は訴えます。

「マエストロは何も悪いことはしていない。誰も傷つけてないんだから、そんなことやめてよ」

するとと上の子が「お前が言うからだ」と下の子を叩きます。すかさず、母親が「彼は正しいことをしたのよ。弟を叩いちゃダメ」といって、上の子を叩く。

この導入部分は、とてもわかりやすく親の暴力を表現しています。

実際に起きたことは、下の子が母親を信頼してマエストロについて話し、母親がそれを裏切った、ということになります。

しかし、母親は自分の行動を「裏切りだ」と認めてはいません。

下の子はマエストロを追い出すために、スパイ活動をした。

それはとても正しいことだ、というわけです。

そして、「弟をぶつな」と言って、上の子をぶつ。

このすり替えは暴力です。とてつもない暴力。

ここで示されたやり方と同じことが、世界中の親子関係にも起こっているのではないでしょうか。

たとえば学校から帰ってきた子どもが、「何々君がこんなことをしていた」と母親に話します。母親はそれを利用して、その子やその家の悪い噂を流す。するとこどもは結果的に親の「スパイ」になってしまいます。母親の信じる「正しい世界」の中では、ある「悪い世界」があって、それを伝えてくれたのは「いい子」。その子は、「悪い世界」に潜り込んだスパイである、と。話している子どもはただ、学校であったことをおしゃべりしていただけです。それなのに、母親の目を通すとスパイになってしまう。

こうしたすり替えは日常的に起きています。

この矛盾だらけの世界で、どうやって生きる力を保っていけばいいのか。

ショート・フィルムでは、マエストロは魔法を使って、自らと子どもたちとを救います。この魔法は何も映画の中だけにあるわけではありません。この世界にも魔法はあります。

私たちは魔法を使っていくしかない。それなしでは戦えないのです。

たとえば、芸術だとか音楽だとか、人の心を震わせるような何かは、実は「魔法」なのです。

A 魔法を使うしかない

この「ゴースト」のショート・フィルムは、ＹｏｕＴｕｂｅで全編を観ることができます。

ぜひ一度、ご自身の眼で、「魔法の世界」を体感してみてください。

Q 魔法って何？

たとえば、66ページでウルグアイのムヒカ大統領をご紹介しましたが、彼の言葉、生き様は世界的にインパクトを与えましたよね。とくに、生き様が刻み込まれた顔。あれはみんなの心を揺るがす魔法だと思っています。

インドでガンディーが行った「塩の行進」について聞いたことがあるでしょうか。あれこそは巨大な魔法でした。

イギリスの帝国主義に対するインドの独立運動の重要な転換点となったこの「塩の行進」。イギリス植民地政府による塩の専売に反対したガンディーが、突然海岸までテクテク歩き出したところから始まりました。このとき、彼らの運動は行き詰まっており、それを打開するためにガンディーは歩き出したのです。

「どこに行くんですか？」と皆がガンディーを追いかけて聞いたら、「塩をつくりに行く」なんてガンディーは言うわけです。

「塩の専売？　そんなものをターゲットにして、どういう意味があるんだ」と誰もが思いました。もう意味がないから止めてくれという感じなのに、あれよあれよという間に、とんでもない数の人がガンディーと共に歩き始め、雲霞《うんか》のごとく押し寄せて海岸で塩をつくり始めたのです。

そしてその運動は、インド全土に広がりました。

すごい魔法です。おじいさんがひとりで歩き始めただけで、それが世界史を揺るがすような大事件に発展していったのですから。

ひとりの小さな行動が、渦になっていく。
これこそが魔法だと思います。

A 感動やユーモアで周りの状況を変えていく力

もちろん、イギリス帝国主義と戦って世界を変える出来事を起すような魔法は、ガンディーのような大魔法使いにしか使えないでしょう。しかし、私たちでも、周囲の気持ちをちょっと和らげるぐらいの魔法なら、使えるのではないでしょうか。

たとえば、あるマンガに「強圧的な雰囲気の会議の途中で、あえて猛烈なおならをしてしまう課長さん」の話が出てきますが、こうした、文字通り「空気を変えてしまう」彼の行動もまた、小さいながら魔法です。


自愛の回路開くための、様々な方法がありますよね。

魔法はその最有力候補。

硬直した現実を、別の視点からみる。


このような能力をイギリスでは、「センス・オブ・ヒューモア」と呼びます。

これは社会を維持する上で非常に重要な力だとされています。

おそらくガンディーはイギリスでそれを学び、ユーモアの力で現状のおかしさを露呈させ、変えてしまったのです。

Q 魔法を起こすにはどうしたらいいの？

自愛の回路を開くために、「感情と身体を接続させる」というお話をしました。

実はこれも、立派な魔法です。

自分でふと浮かんだ「これだ！」と思ったこと。

それを、そのままにとどめずに、素直にやってみる。

他人の顔色をみて「こうしたほうがいい」と思ってやるのではなく、「今、これをやりたい」という直感を信じて動いてみる。

それがたとえば周りの常識とズレていても、とりあえず動いてみて、そこから生まれる相互作用（衝突も含めた）を楽しんでみる。

そういう「あり方」が周りの状況もゆるめていく「魔法」になるのです。

A 直感で動く

私の女性装も結果的には魔法になっているのかもしれません。

もちろん、もともと「魔法をかけよう」なんて思っていません。

ただ自分の「心地いい」を追求しただけです。


ひとつ大切なポイントがあります。

それは私が女性装を蔑む視線をきっぱり拒否していることです。


通常、男性が女性のスタイルで登場したら、白眼視の対象になることもあります。でも、私はそれを受け入れません。

「白眼視する、あなたがおかしいのではないですか？」そう思っています。

実際、誰もが私を白眼視するのではなく、一部の人だけがそうするのです。

白眼視の原因は、私にではなくその人にある。それが私の結論でした。

そうした私の「あり方」は、硬直した社会にとって、十分「魔法」になりえるのでしょう。

魔法をかけようなんて、思っていないにもかかわらずです。

ただ、直感で好きなスタイルを貫く。

そして、それが世の中の軸とズレていればいるほど、魔法に変わるのです。

Q 魔法は周りをどう変える？

よく運をつかむとか、流れをつかむという言い方をしますよね。その発端も「自分がしたいことをする」にあると思います。


したいことを実際にしてみる。

そこから始まる流れに身をまかせ、渦をつくりながら拡大していく。

それがイノベーションの本質です。


大切なことは、直感にしたがって動いたら、それがいい流れになっているか、ちゃんと渦になっているかを見ていくことです。

この行動が、周りに認められるだろうか。

そう思ったとたん、渦はとまります。

なぜなら動きの中心が、渦から他人の目に移るからです。あとは他人の目に沿った動きになります。

お互いが直感にしたがって動き、面白いと思い合い、学び合い、お互いに作用し合っているとき、その渦は拡大していくわけです。

とはいえ自己嫌悪の回路が強い人にとっては、直感にしたがって動くこと自体が難しいことです。

その場合、自分の心を制約するリミッターをどうやって解除するか考えてください。まず、周りの評価を気にするのをやめて、思い浮かんだことをそのまま実行してみることです。

たとえば、あるサークルでは、みんなが会計担当になりたくない、と思っていたとします。

とはいえ、「僕は会計担当になりたくない」などと言おうものならヒンシュクを買ってしまうでしょう。誰だってヒンシュクは買いたくないですし、わがままな人だと思われたくないです。

お互いが牽制し合うムードの中で、「わがままだと思われたくない」というリミッターを自分から外してみる。

「僕、会計担当になりたくないです」

するとそこから渦ができます。それはわがままの渦かもしれません。しかし、誰かが正直な気持ちを言うことで、ピリピリした状況は打開されるでしょう。

「みんなで分担するのはどうだろう?」

「本当に会計担当っているのかな」

まるでオセロのように、事態が動き出し、実は問題なんか存在しなかった……そんな事例はたくさんあります。

これはまさに、自己嫌悪の渦から、自愛の渦に変わった瞬間だと言えるでしょう。

たったひとりが自愛の回路に変わることで、状況を一変させることができるのです。

A たったひとりが自愛の回路を開くだけで、周囲の創造性まで開花する

これが「魔法」です。

この魔法がない場所では、創造的なものや価値などは生まれません。

ピリピリとした自己嫌悪の渦からは、新しい価値は、一切、生まれないのです。

Q 魔法を起こすコツって？

自愛の回路を開いて、直感とつながると、不思議な現象が起こります。

少し、私の研究の自慢話をさせてください。

あるとき私はオランダの哲学者であるスピノザの『エチカ』という難しい本の日本語訳が間違っていることに気づきました。

スピノザの研究者が延々と議論を重ねている有名な箇所です。

もちろん私はスピノザの研究者でもなければ、原書のラテン語が読めるわけでもありません。

しかし、日本語訳を読んでいるうちに、直感で「流れのゆがみ」みたいなものが見えたのです。

「ここはおかしい」と確信し、ラテン語を細かく紐解いたところ、まったく新しい、合理的な解釈に到達しました。

同じようなことが『星の王子さま』でも起こりました。

私はフランス語が読めません。しかし、辞書を引きながら『星の王子さま』だけは読みました。関係するサン・テグジュペリの文献も。すると、一般的解釈の本質的な間違いに気づいたのです。

たとえるなら、日本語が読めない人が『源氏物語』を研究するようなものでしょうか。私の研究はフランスでも話題になり、『ル・ポワン』という雑誌にも取りあげられました。また、この研究は『誰が星の王子さまを殺したのか――モラル・ハラスメントの罠』（明石書店、２０１４年）として発表もしています。

これは私だけに起こる現象ではないと思います。

内容ではなく流れに意識を集中するのです。すると、流れの中の「ゆがみ」が見えてきます。これが発見につながるのです。

一番大切なのは「わからないところ」「違和感を覚えるところ」を、スルーしないで、いったん立ち止まることです。

A 「違和感」を覚えたら、立ち止まる

この「わかったフリをしない」「わかったことにしない」というのが、自愛の回路を開き、魔法を起こすためにはとても必要です。

「わかったフリをしない」のは、学問に限ることではありません。

人づき合いでも同じです。

人と話しているとき、本当はよくわかってはいないのに、つい簡単に「なるほどね」と言っちゃうことがあるでしょう。

このときに、「それはどういうことですか？」と立ち止まって尋ねる勇気をもつこと。

自分の中の「なんかへんだな」「よくわからないぞ」という小さな声を無視しないでください。

「この違和感は自分が理解できてないだけか？　それとも、この人の言ってることがおかしいのか」と、自分のモヤモヤする気持ちの背景に何があるのかを探求してみるのです。

それがあなたの自愛の回路を活性化してくれるでしょう。

Q 流れに身をまかせるにはどうしたらいいのか?

先ほど運の流れに乗る、ということをお話ししましたが、自己嫌悪にふり回される人は、決してこの流れに乗ることができません。
なぜなら、流れは「自分の枠」から出ないと起こらないからです。
「こうあるべき」とか「こうしなくちゃ」みたいな枠を抜け出して、「わけがわからないけど、動くしかない」という状態にならないと、流れはつかめない。

しかし自己嫌悪の人は、「わけがわからないことに、乗ってみる」ということが、とてもできないのです。

親子関係のところでお話ししましたが、「『○○したい』という自分の気持ちに従ったら、自分はいけない子だ」という無意識レベルの思い込みが自己嫌悪の源流にあるからです。

「この流れに乗りたい」という気持ちがあるからこそ、「乗りたいという気持ちにしたがうと、必ずやまずいことになる」という気持ちが生まれるのです。

ただ、本人は「『○○したい』という気持ちが本物だからこそ、逆に拒絶反応が起きる」ということに気づけないんですね。ただ、ザラザラとした感覚を覚えるだけです。

A　ザラザラした感覚の正体に気づく

一度芽生えた「ザラザラした感覚」は必死に理由を探します。

「無謀すぎるよ」「絶対失敗するって」「誰が責任とるんだ」「急ぐことはないだろ」……などなど。そして、せっかくの流れに乗るのをやめるか、疑心暗鬼になりながら乗って座礁するか、のどちらかになってしまうのです。そして、こんな軽挙妄動《けいきょもうどう》は決してすまい、と固く誓うのです。

自己嫌悪の人はこんなふうに、流れに乗るときに、ついついブレーキを踏みやすい。

大切なのは「自分は本当に好きなことにトライするときに、ブレーキを踏むかもしれない」ということを知っておくことです。

なかには、「私は人の言うことをよく聞くし、流れに身をまかせているほうだから大丈夫」などと、誤解する人もいるかもしれません。

流れに身をまかせることと、判断を他人にゆだね、他人に依存することはまったく別の話です。

自分で漕ぐ必要はまったくありません。

流れに身をまかせ、流れの中で自由に踊っていればいいのです。

しかし、舵を握っているのは、あくまでも自分だということは忘れないでください。

Q

自分の手で舵をとる生き方とは?

「流れに身をまかせるならば、自分の手で舵がとれないのでは?」と思うかもしれません。

逆です。自分の手に舵があるからこそ、流れに身をまかせることができます。

どこに流れつくかわからないけれど、最終的には自分で舵がとれるから大丈夫、と思えるからです。

実は、大切なのは流れに乗るかどうか、ではありません。選択の問題ではなく、態度の問題です。

他人に舵をゆだねるのではなく、自分の手で舵をとっていくんだ、という態度、それがあなたの自愛の回路を開き、自由を与えてくれます。

誰にも従属せず、誰をも従属させず、自分の舵だけを自分で握っていく生き方が、魔法を生み出すのです。

A 自由を獲得し、それを面白いと感じる

たしかに、今まで自分の舵を握ってこなかったとしたら、自分で舵を握るのは怖いでしょう。

でも、舵をとって生きていくって、面白いんです。
すごく面白い。自由にできますからね。

それは、体感してもらうしかない。

日々のちょっとしたこと、たとえば、カフェで何をのむか、というようなささいなことでも、しっかりと自分の舵を握ってみる。

体感を積みかせねていくことで、自分で舵をとることが習慣化されていくでしょう。

しかし、そうなると「責任」が発生するのではないか、と思って尻込みするかもしれません。

大切なことは、人間のように非力な者に、責任なんかそもそもとれないことを自覚することです。

実際に起きることは、責任を口実にした他者からの攻撃です。私たちが本当におそれているのは、責任という抽象的なものではなく、具体的な他者からの攻撃なのです。

そして、自愛にもとづくネットワークでは、そういう攻撃は生じないのです。ここは、信じて進むしかありません。

Q やりたいことを優先させたら、食べていけない？

自分の手に舵がないと、チャンスがやってきてもとりこぼしてしまいます。

よい流れに乗るにはタイミングとスピードが大事。

たとえ、やりたい仕事、すばらしい結果が出せる仕事があったとしても、びびって流れに乗らなければ、なんにもなりません。

やるべきこと、周りから期待されていること、立場を守るために必要なことに時間をとられていたら、いざ必要な流れがきたときに飛び込めない。いや、やるべきことをやっていてもいいんです。でも、いざ、ここぞというときに、それを手放す判断ができるかどうかが大切です。


ここ一番で「自分がやりたいこと」を優先できるか。

「やるべきこと」の優先順位を落とせるか。

「やるべきこと」に足をとられて、「やりたいこと」の流れがきたときにもたもたしていると、流れからふり落とされるでしょう。

日頃しがらみでがんじがらめになっている人はなおさらです。必要はないのに言われたままにやっている仕事、惰性で続いている人間関係……。こうしたものは、ある程度切っておくこと。

「仕事をくれるかもしれないから、とりあえずつき合っておこう」

「面白くないけど、とりあえず誘われたから行こう」

そんなことをしていると、本当に面白いことがあったとき、流れから落馬してしまいます。

もちろん、しがらみを切ってしまって、やっていけるか不安でしょう。仕事を失って食えなくなってしまうのでは、なんて心配もあるかもしれません。

たとえば、前近代だったら自分の人生を生きようとしたらすぐ死ぬわけです。女性が「私はこんな家にいられません」などと出ていったら、すぐに山賊とかが来て女郎屋に売られたりとかします。昔は自分の人生を生きようとすると、死んでしまう、などということがたくさんあったでしょう。

しかし、現代は自分の人生を生きても、なかなか死ねません。「食べていけない」なんて事態にはなかなか陥らないのです。

A 食べていけなくなることは、ない

ちなみに、人は1年間にどのくらいの米を食べていると思いますか？

どんなに多く食べたところで120キロくらいです。

10キロ4000円の割とよい米を食べたとしても、4万8千円。年間4万8千円で白米は食べられるわけです。家だって、田舎で探せば、月1万円とかいくらでもあります。電気代とかを考えて、年間50万円ぐらいで生きていけるんです。本当は。

年間50万ぐらいはなんとかなります。

インターネットを使って稼ぐ方法もありますし、データ入力や校正など在宅でできるアルバイトもあるでしょう。

それで、自分で休耕地の畑を耕したり、野草をちぎったりすれば、実質は食えるわけです。現代社会で人は、なかなか貧しさだけでは死にません。そのベースになる豊かさがあるわけです。江戸時代と違って。

ちなみに、私の知り合いの藤浩志さんというアーティストの若い頃の作品で、「Desert of rice（お米の砂漠）」というものがあります。

彼は仲間が「食べるために働いている」と言っているのが気に入らず、1カ月分の給料をはたいて米を買ってみたのです。すると、1トンも買えてしまった。そして、ビルの1室を借りて、この米を全部床に敷き詰めました。

それを作品にして、「これが、1カ月分の給料で買える米なんです。なんで『食うために働いてる』って嘘をつくんですか」と問いかけたのです。

Q お金がないと他人に依存してしまうのでは？

実際には「食えなくなるのが嫌」よりも、「お金がなくてバカにされるのが嫌」のほうが大きいのではないでしょうか。

組織やしがらみから抜け出し、お金がなくなったとしましょう。

そこにのみ会の誘いが来る。

行きたいんだけどお金がない。

それなら、相手に思い切って聞いてみることです。

「行きたいんだけど、お金がなくて。今回はタダでいい？」

すると「いいよいいよ」って呼んでくれる友達と、「それはいくらなんでも、わけわかんないよ」っていう友達に分かれます。

そういうときに、「わけわかんないよ」って言う人は、実はつき合わなくていい人。

逆に「タダでいいよ」という人は、行ってみれば「こういう仕事があるから、手伝ってくれない?」などと、仕事を紹介してくれたりします。

「そんなの他人に依存しているだけじゃないか」と思う人もいるでしょう。

拙著『生きる技法』の中で、「助けてください、と言えたとき、人は自立している」と書きましたが、これには多くの反発がありました。

「今まで誰にも迷惑かけないようにがんばってきたのに、『助けてください』と言ったほうがいいとは、何事だ」と思う人が多かったのでしょう。

たしかに、「誰にも頼らないことが自立だ」と思う人は多いでしょう。

しかし、これは誤解です。

「多くの人に依存することが自立」なのです。

A「助けて」と言える関係をつくることが自立

この原理を発見されたのは経済学者の中村尚司氏です。自立することは何かを考え抜き、この答えにたどり着いたのです。このことが書かれた彼の論文は、『参加型開発——貧しい人々が主役となる開発へ向けて』（日本評論社、2002年）という本に所収されています。

中村さんは「自立とは、依存する相手が増えることである」と言っています。

通常、人は「自立とは依存を減らすこと」だと考えます。

しかし、そうやって依存を減らしていくと、どうなるでしょうか？

どんなに自立しようとしても、人は依存してしまう生き物です。

依存先を減らすことで、重く依存せざるをえない少人数が残ります。

その人に拒絶されたら、生きていけません。絶対に言うことを聞かないといけない関係——それは従属の関係です。

それよりも、多くの人に正しく依存していくこと。

もちろん、なんでもかんでも人に頼っていい、ということではありません。本当に困ったときに、自分で抱え込まず、「助けてください」と伝え、対処すること。

もっと言うと、「自分が困ったときに助けてもらえる関係性をマネジメントすること」が自立なのです。

Q 正しい依存とは？

なんでもかんでも人に頼るのではない、「正しい依存」とはどういうことでしょうか。

それは、依存したことで、結果的に相互の関係性が深まるような依存です。

依存する段階で、「依存されることへの承認」があると、双方向性が感じられる依存。これは一見、お互いを縛り合う「共依存」だと思われるかもしれないけれど、まったく違います。

「共依存」は支配＝被支配の関係です。依存し合っているように見えて、どちらかがどちらかを支配しており、その関係性から両者が逃れられないことを意味します。

しかし「正しい依存」はつねに双方が学び合い、変化し続けるものであり、どちらかの「ノー」の意思の表明を阻害するものではありません。

A ノーと言い合えるのが「正しい依存」

「お金貸してください」と言われ、「こいつには貸したくない」と思えば、貸さない。でも、「貸してあげたい」と思える関係なら、大いに貸す。そうすると相手は恩にきるわけです。

今度自分が困ったときに、当然頼ってもよいのです。

もちろん、「絶対に貸さない」というリスクマネジメントの方法もあります。

他人に絶対依存させない。自分も絶対依存しない。

しかし、「困ったときに助け合える」という関係を築いたほうが、いつなんどき「困ったこと」が起こるかわからない人間にとって、リスクマネジメントとしては効果的です。

依存してもらう、というのは一種の賭け金なわけです。
もちろん、賭け金は返ってこないこともあります。

だから、返してもらえそうな人、信用できる人とだけ「正しい依存」関係を築く。それはあくまでも、「お互いがノーと言える関係」においてです。

そういう相手とであれば、どんどん迷惑をかけ合うべきなのです。
お互いの賭け金が増えれば増えるほど、信頼関係は深まるからです。

Q 信頼できる相手を見つけるには?

ここで問題になるのが、どうやって「正しい依存」関係を結べる、信頼に足る相手を見つけるのか、です。

それはやっぱり、コストをかけるしかない。時間をかけて、失敗を重ねて。それこそ、「賭け金」をはって、学ぶしかないわけです。

あと、注意すべきなのは、「この大学を出ているから」「この企業に勤めているから」など、肩書きを目安にして「賭け金」をはらないこと。

東大にだってとんでもない奴がいるし、原発事故でみんながわかったように、東京電力だからって信用できるわけじゃない。それどころか、よい肩書きの人は、自分という人格の信頼を高める必要がないので、肩書きに安住しており、人格が陶冶《とうや》されにくいのです。

「その人そのもの」に「賭け金」をかけないと、将来は開かれません。

「肩書きやステイタスがあるほうがいい」「もっともっと上に登りたい」という「領土拡張モード」の人は、自分の目的のために他人を搾取しようとします。

この「領土拡張モード」に陥る理由は、根っこに自己嫌悪があるわけですが、自分の傷を埋めるために、相手に「肩書き」や「ステイタス」を求める自己嫌悪の人は、こういう人の格好の餌食になります。

こうした「領土拡大モード」の相手の依存を受け入れ、「賭け金」をはったとしても、搾取されるばかりで、元をとることはできないでしょう。

信頼に足る相手を見抜くためには、自分の感覚にしたがうしかないのです。

A　自分の感覚を信じるしかない

「肩書き」や「ステイタス」ではなく、まずは「人としていいな」という人を信頼してみる。何かしてあげられることをしてみる。

そして、一緒にいてテンションがあがることなく、穏やかな気持ちを味わえるのなら、それは「信頼に足る人物」なのではないでしょうか。

依存しても大丈夫です。

そうやって、「正しい依存」関係を築くことが、自愛に至るための入り口であり、ゴールでもあるのです。

Q 自愛へと流れていく方法とは？

先ほど自己嫌悪の人は搾取されやすい、とお話ししましたが、もう少しご説明しましょう。

自己嫌悪に苦しむ人は、自分には価値がない、と思っています。

つねに「存在することへの罪悪感」を抱えしまう。

この罪悪感を刺激すれば、人はいくらでもなんでもしてしまうわけです。

たとえば、研究室で日本人の学生をバイトで雇っても、ほっとけば何もしないわけです。ところがバイトで雇ったわけではないのに、役割分担を決めただけで嬉々として仕事をしてくれる学生が大勢いる。役さえふれば、簡単にタダ働きするのです。

もともと、自己嫌悪や罪悪感があるから、役を果たすと立場が守られると思って安心するのでしょう。

こういう心性をうまく刺激すると、いくらでも搾取できます。彼らは他人を搾取することに心の痛みを覚えない強烈な自己嫌悪の人物の、格好の餌食であり、しかもそういう人は、喜々として搾取されるのです。

「役を果たして」と言って、搾取する方法は組織でもあちこちで見られます。

「係長なんだから、サービス残業くらいするだろう」

「バイトリーダーなんだから、これくらい我慢して」

そんなふうに「役」を利用するわけです。

これは、人間関係にも当てはまります。

「友達だから、これくらいしてくれるでしょう?」

これも搾取です。

「正しい依存」とどう違うのか、と思う人もいるでしょう。

まったく違います。

「友達だから」のパターンは、友達関係というものをまず想定して、「それに相応しいふるまいをあなたはしていない。だからやりなさい」と強制しているわけです。相手のノーを認めていません。

一方、「困っているんです。助けてください」というのが「正しい依存」。自分を投げ出し、イエス・ノーを相手にゆだねています。

日本人はどうしても、前者のパターンに反応するように、トレーニングされています。前者はきっぱり拒絶すること。そして、「正しい依存」だけに反応していくこと。

そうすることで、自愛へと近づくことができるのです。

「困っている」と伝えて、馬鹿にされたらどうしよう。

そんな「自己嫌悪モード」から卒業しませんか。

思い切って、「困っているんです。助けてください」と切り出してみましょう。

そうやって、相手に自分をゆだねることで、あなたははじめて流れに身をまかせることができる。自愛に向けて流れていくことができる。

あくまでも、舵を握っているのは、自分自身。

でも「〇〇したい」という自分の気持ちに偽りがないからこそ、安心して相手に身をゆだねることができる。

A 舵は自分で握りつつ、相手に身をゆだねる

その中で、面白い流れが始まり、渦ができ、やがてあなたがたどり着きたかった世界に、気づけば流れ着いている。

そんな自由を獲得する旅に、漕ぎ出してみませんか。

おわりに

拙著『生きる技法』は、小島直子さんの本にもとづいて中村尚司さんが発見した「自立とは依存することである」という原理から、生きるための学問を導く試みでした。その第7章「自己嫌悪」で、「『自分は悪い子だ』と思い込まされていることが、自己嫌悪である」という命題が、同書の第二の「公理」だ、と書きました。

しかし、この章は展開が早すぎてついていけない、という声を聞いたので、本書を書くことになったのです。今度はゆっくり議論して、その含意を掘り起こせたものと思います。『生きる技法』とあわせてお読みいただけると、さらに理解が深まるものと確信しております。

私が半世紀にわたって悩まされた、宿敵「自己嫌悪」。その苦闘が本書に凝縮されています。みなさまの自己嫌悪との戦いに活用してほしいと思います。

人々が自己嫌悪にふり回されて、偽装の人生を生きることこそが、集積された巨大な暴力を生み出し、人類社会と地球環境とを破壊しつつある、と私は信じています。ひとりひとりの自己嫌悪との戦いこそが、人類と地球とを救うための最前線なのです。

謝辞

たのしく本を書く、ということは、なかなか起きないことです。ていねいに書いているとページ数ばかり進んでしまい、話を進めようとすると止まってしまう、というように……。のろのろ試行錯誤していると、やる気がなくなることもままあります。理論的思考が大好きな私は、往々にして論理展開が止まらなくなり、猛スピードで話が進むジェットコースターのような本を書いてしまいます。えてしてそういう本は、私自身は大満足で編集者も喜んでくれるのに、読者がついてこれなくなるのです。

ところが本書は、そういう罠に落ちることなく書かれた、と確信しています。

そもそもこの話は、『生きる技法』を、毎年ゼミで多くの学生と読んでくださっている竹端寛さん（山梨学院大学法学部教授）が、学生がつまずく点を中心に、拙宅で私にたくさんの質問を投げかけてくださったことから始まっています。私の説明に竹端さんがさらに質問し、ということを繰り返すうちに、「これは面白いから、この対話を本にしたい」ということになりました。竹端ゼミの歴代の学生さんの反応がなければ、本書は生まれませんでした。この対話の直後、大和出版の御友貴子さんから、本を書いてほしい、というお誘いがあったのです。私は、「竹端さんとの対話にもとづいて、御友さんが書き起こし、それを2人で訂正する、ただし、全員でホースセラピーに行き、さらに温泉に泊まって、3人で愉快に話しながらつくる」という条件をつけました。大和出版がこの条件をのんでくださったことで、本書は、一挙に、たのしく、その上、ジェットコースターにもならず、完成したと考えています。なぜ私がそんな条件をつけたのか、本書を読めばご理解いただけると存じます。

そして、この罠の存在を、御友さんと竹端さんとに、詳しく説明してくださったのが、大阪大学経済学研究科の深尾葉子准教授であり、その指摘がなければ、本書はまた売れないジェットコースター本になったに違いありません。

この大変な仕事を一手に引き受けて、すばらしい原稿を書いた上に、自分で編集作業をした御友さんの働きは、まさに獅子奮迅でした。

この書物が、多くの方の手に届きますように。

二〇一六年七月一〇日　参議院選挙開票速報を聞きながら

安冨歩

あなたが生《い》きづらいのは「自己嫌悪《じこけんお》」のせいである。
他人に支配されず、自由に生きる技術

2016年8月31日　初版発行

著　者……安冨歩《やすとみあゆみ》
発行者……大和謙二
発行所……株式会社大和出版
　東京都文京区音羽1-26-11　〒112-0013
　電話　営業部03-5978-8121／編集部03-5978-8131
　http://www.daiwashuppan.com
印刷所……誠宏印刷株式会社
製本所……ナショナル製本協同組合
装幀者……斉藤よしのぶ

ISBN978-4-8047-6269-2